Regine Sonnleitner

Malu – Auf der Suche nach Erkenntnis

Regine Sonnleitner

# Malu – Auf der Suche nach Erkenntnis

*Rediroma-Verlag*

Bibliografische Information der Deutschen Nationalbibliothek:
Die Deutsche Nationalbibliothek verzeichnet diese Publikation in der Deutschen Nationalbibliografie; detaillierte bibliografische Daten sind im Internet über http://portal.dnb.de abrufbar.

ISBN 978-3-96103-770-4



Umschlagillustration: Subbotina Ana (shutterstock.de)



www.rediroma-verlag.de
13,95 Euro (D)

## Inhaltsverzeichnis

## Autorin

Regine Sonnleitner lebt in Hagen/Westfalen, doch ihr Herz ist in ihrer Heimat Oberfranken, in Rödental, zuhause. Sie schreibt schon ihr Leben lang für Menschen die eine Geschichte dringend benötigen. Im letzten Jahr jedoch traf sie das Schicksal selbst mit einer Stimmbandlähmung. In dieser Zeit nahm sie ihren ganzen Mut zusammen und schickte ihre Geschichten ein. Sie liebt die Natur und die kleinen Augenblicke, die ihr Leben bereichern. Die Inspiration zu ihrem eigentlichen Debüt fand sie in einer kleinen Fledermaus, welche ihr bei einem Abendspaziergang begegnete. Als sie sehr mit ihrer fehlenden Stimme kämpfte, inspirierte sie dieses Tier so sehr, dass sie „Malu – Stimmen des Lebens“ zu Papier brachte. Malu, die kleine Fledermaus, ist dabei der Hauptdarsteller.

Dies ist der zweite Band von Malu. Das Besondere an Regines Büchern ist, dass Tiere die Hauptdarsteller sind und der Schauplatz die Natur. Malu ist immer auf der Suche nach neuen Erkenntnissen und möchte die Menschen lehren, sich wieder eine Auszeit zu gönnen und etwas umzudenken. Alles spielerisch erzählt aus der Sicht der Tiere.

Zitat der Autorin: ***„Jeder sollte einen Malu in seinem Leben haben.“***

## Widmung

Dieses Buch widme ich der Natur und deren Bewohnern und allen Menschen, die diese lieben.

Denn was der Mensch liebt, das hegt und pflegt er auch, und wer verdient mehr unsere Liebe als der Atem des Lebens?

**Vorwort**

Liebe Leserinnen und Leser,

ich habe dieses Buch mit Fotografien aus dem Wunderwerk Leben unterlegt. Sie sind auf meinen Streifzügen durch die Faszination Natur entstanden. Es sind oft die kleinen Entdeckungen und Beobachtungen, die unser Herz kräftig klopfen lassen und uns das Gefühl geben, das Leben zu erleben.

Taucht ein mit Malu in den Atem des Lebens.

Herzlichst, eure Regine Sonnleitner

## Malu lädt euch ein

Das zarte Licht der Abendsonne verwandelte den Wald in ein bizarres Lichtermeer. Der Himmel erstrahlte in seinen schönsten Farben. Ganz langsam senkte sich die Sonne herab. Es war die Zeit, in der die Wunderwelt des Lebens erwachte. Die Zeit, in der man mit seinen ganzen Sinnen die Natur spüren konnte. Stellenweise sah es aus, als würden die Bäume brennen, durch die farbigen Strahlen, die das Licht durch das Blätterdach warf. Die Vögel stimmten ihr Abendlied an und der Klang der Melodie empfing die aufkommende Nacht mit Freude. Je weiter sich die Dämmerung herabzog, desto ruhiger wurde es. Die Stille der Nacht, wenn der Mond und die Sterne erwachen, senkte sich über das Leben. Alles, was man tun musste, war, sich vom Licht des Mondes an die Hand nehmen und führen zu lassen, in die fantastische Welt der Dunkelheit. Langsam erwachten auch die Tiere der Nacht. Lautlos schwebte die Eule zwischen den Bäumen, auf der Suche nach Beute. Am Boden raschelte es und die Jäger des Waldes machten sich auf die Jagd nach Nahrung. Im Lichtschein der Finsternis sah man eine Spinne ihr Netz weben. Schaute man in den Himmel, konnte man ein schwarzes, kleines Wesen erkennen, das unter dem Sternenzelt entlang flitzte. Es war flink. Nur wer genau darauf achtete, bekam es zu sehen. Die Eule landete auf einer großen Eiche, an der die kleine Spinne ihr Netz webte, und schaute diesem kleinen Geschöpf entgegen. Dieser kleine fliegende Wicht heißt Malu. Wer Malu noch nicht kennt … Malu ist eine Fledermaus. Klein, schnell und hoch intelligent und immer auf der Suche nach dem Licht im Dunkeln.

Die kleine Spinne saß in ihrem Netz und schaute Malu entgegen. Denn sie kannte Malu, genauso wie die Eule. Diese drei so unterschiedlichen Gesellen besaßen etwas, das Wertvoller als alles auf der Welt war. Es ist eine innige Freundschaft. Mirko, die Spinne, der Weber, ein Krafttier, das die Schicksalsfäden in der Hand hält und dessen Name „Friede" und „Bedeutend" aussagte. Sophia, die Eule, die sowohl als Krafttier, jedoch auch durch ihren Namen für „Weisheit" steht, und Malu. Als Krafttier verkörperte er die Wiedergeburt und die Auferstehung, die zugleich auch ein Attribut der Unendlichkeit ist. Er gilt als Glücksbote und für ein langes Leben. Sein Name bedeutet „Ruhe" und „Frieden".

Jeden Abend, wenn die Nacht ihre Magie auf die Natur niederlegte, machte sich Malu auf die Suche nach dem Fünkchen Licht im Dunkeln, das viele nicht mehr sehen.

Malu landete neben den beiden auf der großen Eiche. Er streckte seine Schwingen weit aus und sah durch das Blätterdach in den Himmel. Über ihm leuchtete ein Sternenmeer am Firmament und der Mond lachte ihnen entgegen. Seine Freunde sahen ihn schweigend an. Malu atmete tief ein und dann fing er leise zu sprechen an.

**„Hallo, ihr da draußen. Ihr seid herzlich eingeladen. Taucht mit mir ein in die fantastische Wunderwelt der Natur. Lasst euch an die Hand nehmen und euch das Licht im Dunkeln zeigen. Fliegt mit mir der Erkenntnis entgegen und genießt die Stille des Waldes. Seht mit mir die Dunkelheit und erfreut euch an dem kleinen Licht, das im Verborgenem liegt. Lernt meine Freunde und ihren Lebensraum kennen und vor allem lieben. Wagt es und taucht ein in den Atem des Lebens."**

*Der Wald – der Atem des Lebens*

## Leben im Sturm

Malu dehnte seine Schwingen, als er wach wurde. Er hing an einem Felsvorsprung in seiner Höhle im Wald. Wieder erwachte ein Abend. Er flog zum Eingang und schaute sich um, ob er Mirko sah. Es pfiff ein heftiger Wind und er landete auf dem Vorsprung. „Mirkooooo!“ rief er laut. Da war er auch schon und seilte sich herab. „Guten Abend, Malu, warum schreist du so, ich bin nicht schwerhörig?“

Malu lachte. „Ich sah dich nicht und der Wind heult heute etwas lauter, so wollte ich auf Nummer sicher gehen, dass du mich auch hörst.“

Mirko grummelte: „Was hast du heute vor? Triffst du dich mit jemandem oder gehst du auf gut Glück los?“

Malu überlegte. „Verabredet bin ich nicht, doch ich fliege einfach los und sehe, was so auf mich zukommt.“

„Mach das, und wenn es was Interessantes gibt, dann sag mir Bescheid“, sagte Mirko und krabbelte davon.

Malu schwang sich in die Lüfte und flatterte in den Wald. Trotz des Windes war es eine sehr schöne Nacht. Wenn man zum Himmel schaute, sah man zwischen dunklen Wolkenfeldern immer wieder den einen oder anderen Stern hervor blitzen. Die Windböen fegten durch den Wald und ließen die Baumkronen erklingen. Es knackte und raschelte und doch war es der Gesang des Waldes, der erklang. Malu wich einigen Ästen aus, die in seinen Weg schwangen, und flog immer tiefer in den Wald, bis zu seiner Lieblingseiche. Dort hängte er sich an einen Ast und schlang seine Schwingen um sich, dass er aussah wie in einen Kokon gewickelt. Der starke Wind ließ ihn hin und her schaukeln.

„Huhu, Malu bist du da drin?“, fragte Sophia, die herangeflogen war.

Malu lugte aus seinen Flügeln. „Ja, das bin ich, der Wind ist ganz schön heftig heute.“

Sophia schmunzelte. „Tja, da muss man sich etwas mehr anstrengen, wenn man durch die Luft fliegt. Doch komm, lass uns vom Wind tragen, mal sehen, wohin er uns führt.“

Malu spannte die Flügel und der Sog des Windes wirbelte ihn empor. Sophia lachte und ließ sich hinter ihm her treiben. Es war ein tolles Gefühl, wie die Kraft des Windes auf die Luft wirkte. Malu jubelte und flog Pirouetten, er ließ sich treiben mit dem Sturmwind. Sophias Gefieder blähte sich auf und sie sah aus wie eine mollige Kugel. Der Sturm nahm an Kraft zu und trieb die beiden raus aus dem Wald, auf‘s offene Feld. „Sophia, lass uns zu dem Baum dort drüben fliegen und Pause machen“, rief Malu gegen den Wind. Es war ein ziemlicher Kampf dorthin, da besagter Baum gegen der Windrichtung stand. Als sie den Schutz des Baumes erreichten, ließen sie sich schwer atmend nieder. „Wow, das war ein toller Flug, diese Kraft, die in den Böen lag, echt krass.“ Sophia schmunzelte und dann stutzte sie. „Malu, schau mal, das ist ja eine Pracht, schau … Wow, ist das ein Anblick.“

Malu schaute in die Richtung, die Sophia ihm zeigte. Er traute seinen Augen nicht, da kamen Wildpferde über die Wiese galoppiert. Mit wehenden Mähnen, prachtvoll in ihrer Stärke. Mit der Richtung des Windes kam die Herde näher. Ein stattlicher Wildhengst bremste vor ihnen ab. „Hallo, ich bin Tempest, der Leithengst, und das ist meine Herde. Was sitzt ihr bei diesem stürmischen Wetter hier herum?“

Malu schaute ihn an. „Das ist Sophia und ich bin Malu, wir genießen den Wind. Er hat so viel Kraft und Stärke.“

Tempest warf den Kopf zurück und wieherte laut. „Ja, er hat Kraft, wie das Leben. In solchen Momenten, wo der Sturmwind bläst, muss man ihn an sich ranlassen, ohne Angst."

Malu schaute mit großen Augen Tempest an. „Wie, das Leben?" fragte er.

„Genau, das ganze Leben ist ein Sturm. Man darf sich nicht gegen den Wind stellen, sondern muss sich vom Wind tragen lassen und darf keine Angst haben, wohin er einen trägt. Man sollte die Gewalt und Kraft des Sturmes aufnehmen mit Körper, Geist und Seele. Die Luft spüren, die Reinheit, die ein Sturm mit sich bringt. Das Aufatmen der Natur, wenn er wieder abklingt. Der Wind weht und nimmt alles Schlechte und Kaputte mit und lässt Frieden, Stille und Sauberkeit zurück. Die Kunst ist es, mit der Seele zu atmen und das Wagnis einzugehen, um die Freiheit zu erleben."

Sophia spannte die Flügel weit auf und ließ den Wind ihre Federn berühren. „Es stimmt, man fühlt sie, diese Reinheit. Wie die Luft durch meine Flügel peitscht, mein Federkleid durcheinander wirbelt. Es ist wie ein Streicheln und doch kraftvoll."

Malu spannte seine ledrigen Schwingen auch auf und schloss die Augen. „Wow, naja, Federn habe ich nicht, doch ich spüre den Druck, mit dem die Luft mich berührt, es gibt mir ein Gefühl von inneren Drang, mich in die Lüfte zu schwingen und mitreißen zu lassen."

Tempest stieg mit den Vorderbeinen empor und warf den Kopf in die Luft. „**Das ist Leben, mitreißen lassen, sich darauf einlassen, nicht gegen den Sturm, sondern mit dem Sturm. Es wagen, diesem Gefühl nachzugeben**."

„Sag mal, Tempest, ist da nicht auch ein Risiko dabei, immerhin sind Stürme gefährlich? Sie entwurzeln Bäume, decken Dächer ab, können zerstörerisch sein, viele haben Angst vor ihnen?“, fragte Malu.

„Alles im Leben birgt ein Risiko, doch wenn man sich nie darauf einlässt und nie etwas wagt, wird man auch nie erfahren, ob es gut oder schlecht ist. Man wird nie das Gefühl kennenlernen, stolz auf sich selbst zu sein und vor allen das Gefühl der Freiheit zu erleben. Immer gegen den Sturm ankämpfen, verbraucht viel Kraft, die man anderweitig benötigen kann. Also lasst euch vom Wind tragen und, ehrlich gesagt, egal, wohin er euch auch treibt, es wird richtig sein.“ Tempest wieherte laut auf und drehte sich zu seiner Herde um. Dann hob er die Hufe und donnerte los, die ganze Herde hinter ihm her. Es war ein fantastischer Anblick, wie die imposanten Wildpferde mit dem Sturm über das Feld jagten. Mit dem Heulen des Windes und dem Donnern der Hufe. Dunkle Wolken zogen am Himmel entlang, zwischen denen immer wieder der Mond und die Sterne daher blitzten. Es war ein tolles Bild, kraftvoll und auch irgendwie magisch.

Malu seufzte tief auf. „Schau, das sind diese Augenblicke im Leben, die das Leben ausmachen.“

Sophia schüttelte den Kopf und prustete los. „Malu, werde jetzt nicht sentimental. Schau, gerade dreht der Wind, so können wir uns Richtung Heimat zurück treiben lassen. Achte immer auf den Lauf des Windes, dann zeigt er dir den richtigen Weg.“

Flugs ließen sie sich in die Lüfte tragen und spürten die Freiheit und Kraft des Sturms des Lebens. Als sie durch den Wald wehten, sahen sie auf einmal an einem der Bäume, sich panisch festhaltend, lauter kleine Nachtfalter kleben. „Hey, ihr da, was haltet ihr euch so krampfhaft fest?“ Malu lachte laut auf und flog Loopings um den Baum.

Einer der Falter hob den Kopf. „Der Sturm, er weht uns weg, er ist so stark und wir haben Angst, denn wir wissen nicht, wohin er uns trägt.“

Sophia flatterte herbei und schaute die Falter an. „Ist es denn so wichtig, zu wissen, wohin er euch trägt? Lasst euch doch von dem Wind tragen, egal, wohin er euch auch weht, es ist dort genau so schön wie hier. Denn es kommt nur auf euch selbst an. Wenn ihr es nicht wagt, eure Angst zu überwinden, bleibt ihr an dem Baum hier kleben, bis eure Kraft versiegt ist und dann stürzt ihr ab. Ist das Leben? Gegen den Sturm kämpfen, bis alle Kräfte nachlassen? Wagt es. Schaut uns an. Der Wind trägt uns in seinen Armen, egal, wohin er uns bringt, wir erfahren es erst, wenn wir es zulassen, dass er die Führung übernimmt.“

Verdattert schauten sich die Nachtfalter an. „So haben wir das noch nicht gesehen. Jedoch habt ihr Recht, ich merke, wie meine Kraft nachlässt. Mich hier krampfhaft am Baum festklammern verbraucht meine ganze Energie. Wir halten daran fest, anstatt dass wir mit dem Wind fliegen, denn dass würde uns keine Energie kosten.“

Malu lachte auf. „Genau, legt euch in den Wind, schont eure Kräfte und lasst euch tragen. **Es macht Spaß etwas zu riskieren und dieses Gefühl der Freiheit, des Ungewissen ist wundervoll.**“

Die Falter ließen einer nach den anderen los, man hörte sie jubeln als sie von den Böen erfasst wurden. Malu und Sophia flatterten mit dem Wind weiter durch den Wald.

„Weißt du, Sophia, dieses Gefühl, etwas zu wagen, ist berauschend. Es lässt einen das Leben erleben.“

## Das schwarze Eichhörnchen

Wisal, der Waschbär, krabbelte bei den letzen Strahlen der Abendsonne aus seinem Bau. Wie immer schleifte er seinen Bären hinter sich her. Es sah aus, als würde es eine wunderschöne Nacht werden. Als erstes ging er zum See, setzte den Teddy am Ufer ab und fing sich einen kleinen Fisch zum Abendbrot. Als er diesen verspeist hatte, machte er sich auf den Weg, etwas die Gegend auszukundschaften. Es dauerte nicht lange und er hörte es kreischen und rascheln in den Bäumen. Erschrocken blickte er nach oben und sah entsetzt, wie sich ein braunes Eichhörnchen mit einem schwarzen, etwas größeren Eichhörnchen prügelte.

„Ey, ihr zwei, warum prügelt ihr euch? Seid doch nett zueinander“ rief er empor.

Doch die beiden beachteten ihn gar nicht. Wisal überlegte, was er bloß tun sollte. Dann kam ihm der Gedanke. Wusste man nicht weiter, holte man eben Malu. Also rannte er zur Höhle. Dort angekommen sah er Malu gerade heraus fliegen. „Malu, du musst sofort mitkommen, sonst verletzen sie sich noch.“

Malu flatterte zu Wisal. „Guten Abend, Wisal, was ist los? Was hast du beobachtet?“

Wisal grummelte: „Da prügeln sich zwei Eichhörnchen. Es sieht wirklich gefährlich aus und ich finde das nicht schön, können die nicht nett zueinander sein?“

Malu lächelte. „Na, dann komm, wir schauen mal, ob wir die beiden Streithähne auseinander bekommen, und dann sehen wir warum sie sich prügeln.“

Wisal rannte voraus und Malu flog hinterher. Schon von weitem hörte er das Geschnatter der kämpfenden Eichhörnchen. Blätter und kleine Zweige flogen durch die Gegend und es war eine gigantische Verfolgungsjagd zugange. Malu staunte nicht schlecht. Er flatterte zu Wisal der am Boden in einiger Entfernung saß. „Also, Wisal, das wird nicht so leicht, die beiden sind echt krass drauf. Ich werde mal Imani, den Bussard, holen, der die beiden sicher trennen kann.“ Malu flatterte geschwind durch die Bäume. „Imani, wir brauchen deine Hilfe“, rief er durch den Wald.

Imani kam mit seinen großen Schwingen angeflogen. „Guten Abend, Malu, ich war gerade auf dem Weg dahin, man hört sie durch den ganzen Wald, die Streitenden. Sicher geht es wieder um etwas ganz Einfaches, was eigentlich gar keinen Streit wert wäre.“

Sie flogen zurück zu Wisal, dieser schaute ihnen entgegen. „Also, was machen wir jetzt?“, fragte Malu.

Imani fackelte nicht lange, flog rauf ins Geäst und schnappte sich eines der beiden Eichhörnchen mit seinen Krallen, setzte es neben Wisal auf den Boden und holte sich das zweite. Als beide total verstört am Boden saßen und sich umsahen, staunten sie nicht schlecht.

„Hey, warum macht ihr das?“, fragte das braune Eichhörnchen.

Malu schaute die beiden an. „Erst mal sagt man guten Abend, soviel Zeit muss sein, und stellt sich vor, das ist anständig. Also, ich bin Malu und das sind Imani und Wisal.“

Das schwarze Eichhörnchen grinste. „Hallo ich bin Jack und ich komme aus Amerika.“

Wisal staunte „Amerika und was machst du hier?“

Das braune Eichhörnchen unterbrach: „Hey, ich bin auch noch da. Erst mal Hallo und ich bin Paul und ich lebe hier schon immer, ich komme hier aus dieser Gegend und das ist *meine* Heimat.“

Malu schüttelte den Kopf. „Dir gehört doch nicht der Wald alleine. Warum habt ihr euch geprügelt?“

„Na, der da ist der Eindringling, kommt aus Amerika und macht sich hier breit, soll er doch wieder zurückgehen, wo er hergekommen ist.“

Wisal schaute Paul entsetzt an, dann Malu. Er war sprachlos. Malu verdrehte die Augen. „Also, erst machen wir es uns gemütlich und dann werden wir ein ernstes Wort reden. Paul, warum bist du so gemein zu Jack? Er mag zwar nicht von hier kommen, doch gehen wir mit Besuchern immer freundlich um in unserem Wald.“

„Er ist nicht auf Besuch hier, er will sich breit machen“, grummelte Paul.

Jack räusperte sich. „Also ich suchen einen Platz, da ich bleiben kann, denn ich wurde aus mein Heimatland vertrieben und ich kam mit einem großes Schiff an. Der Wald gefallen mir und ich dachte, es ist genug Platz.“

Paul holte Luft, um etwas zu sagen, doch Wisal stoppte ihn. „Mmh, also, ich finde auch, dass hier in unseren Wald Platz ist, und davon abgesehen kann er uns Geschichten aus seiner Heimat erzählen.“

Malu lachte. „Du bist ein Geschichtenjäger, Wisal, überall witterst du Geschichten. Doch das ist gar nicht so verkehrt.“

Imani räusperte sich. „Also, wo liegt nun das Problem bei dir, Paul, warum willst du ihn nicht da haben?“

Paul holte Luft. „Hör doch schon mal, wie der spricht, das ist nicht normal, ich kam mit einem großes Schiff an“, äffte er nach. Wisal lachte. „Na und, hört sich doch lustig an, also, ich habe verstanden, was Jack gesagt hat, und außerdem ist das nicht schlimm. Als ich klein war und sprechen lernte, hörte ich mich auch nicht anders an. Jeder fängt mal so an."

Paul verdrehte die Augen. „Der ist doch kein Kind mehr."

Malu stöhnte auf. „Also jetzt mal langsam, nur weil er nicht richtig unsere Sprache kann, willst du ihn hier nicht haben und verprügelst ihn?"

„Nee, nicht nur deswegen, sondern schau ihn dir doch mal genau an. Er ist viel größer als wir und so dunkel, da müssen wir ja Angst haben, dass er unseren Kindern etwas antut. Deshalb möchte ich ihn hier nicht haben. Ich muss meine Familie beschützen", sagte Paul.

Wisal überlegte, dann nahm er seinen Teddy und knuddelte ihn an sich. „Also, ich finde, wir sollten Jack eine Chance geben, denn Sophia, die Eule, sagt immer, dass nur das wichtig ist, was in einem steckt, und nicht das, was der äußere Schein angibt. Sie sagte zu mir, ich soll nicht immer nur auf das Äußere schauen, denn das Wesentliche ist unsichtbar."

Malu lächelte. „Wahre Worte, Wisal. Ich denke auch, dass Jack eine Chance verdient hat, und wenn er aus seiner Heimat vertrieben wurde, dann soll er doch hier einen Platz bekommen. Der Wald ist groß und sicher ist er nicht darauf aus, alles zu übernehmen oder unseren Familien zu schaden."

Jack schaute alle an. „Nein, ganz bestimmt nicht. Ich suchen nur ruhige Platz zum Leben. Will keinen Streit, nur Platz, wo Friede ist. Ich erzählen euch aus meiner Heimat, als noch alles schön war. War perfekte Heimat, viele Bäume und viele Freunde."

Malu schaute Paul an. „Erzähl uns doch mal etwas."

Jack schaute in die Bäume. „In Heimat früher, viele große Bäume, viel Essen und viel Leben. Gigantische Bäume, hier Bäume klein. Doch ich Freude an Leben. Wir machen viel Spaß alle, viel Kinder und viel Lachen."

Wisal lachte. „Wir lachen hier auch viel, zumindest ich, und ich höre gerne Geschichten. Gab es auch Geschichten bei euch?"

„Ja, bei uns auch Märchen und viel Erlebnis," sagte Jack.

Paul schaute Jack an. „Habt ihr auch eure Familien beschützt und was gab es zu knabbern, hattet ihr auch Eicheln und Nüsse und gaben euch die Menschen im Winter zusätzliches Futter?"

Malu und Wisal schauten erstaunt Paul an. Imani lächelte. „Na, siehst du, Paul? Jetzt bist auch du neugierig geworden. Wisal hat recht, man muss sich die Zeit nehmen, erst jemanden richtig kennenzulernen und dann erst entscheiden, ob man ihn mag oder nicht. Jeder verdient eine Chance."

Paul schaute etwas beklommen. „Ok, man sollte wirklich nicht gleich losprügeln, doch er hat mich auch etwas erschreckt mit seinem Aussehen."

Wisal schaute beide an. „Ich finde, ihr solltet euch die Kralle geben und etwas Zeit miteinander verbringen, um euch näher kennen zu lernen."

Jack hüpfte zu Paul. „Also, ich seien bereit dafür. Ich geben Chance mich kennenlernen. Ich vielleicht lernen besser Sprache und Sitte. Ich keine Gefahr, wenn keiner mir was tut."

Paul nahm seine Kralle entgegen und schüttelte sie. „Ok, ich bin ja belehrbar, und wenn ich flüchten müsste von hier, in ein fremdes Land, erwarte ich auch eine Chance. Komm, wir suchen uns ein schattiges Plätzchen und morgen zeige ich dir den Wald."

Paul und Jack hüpften davon, sie hatten die anderen total vergessen. Wisal lachte los und Malu und Imani fielen mit ein. „Ehrlich, die zwei sind der Hammer. Erst prügeln sie sich und dann gehen sie hin wie alte Freund“, sagte Wisal.

Malu schaute ihn an. „Weißt du, Wisal, das kommt daher, dass viele immer erst handeln und dann nachdenken. **Wenn wir uns alle die Mühe machen würden, unser Gegenüber erst kennenzulernen, wäre viel Streit und Aufregung unnötig.** Es gibt überall gut und böse, doch erst muss man rausfinden, zu welcher Gattung wer gehört, bevor man urteilt.“

Wisal schnappte sich seinen Teddy und rief im losrennen Imani und Malu zu: **„Genau, man muss ins Innere sehen, denn da steckt das Wesentliche, was einen ausmacht.“** Er flitzte durch den Wald, fröhlich summte er vor sich hin. Heute Nacht hatte er was Wichtiges gelernt und gleichzeitig hat er dabei geholfen zwei Streitende zu trennen. Das Gefühl war so gut. Malu und Imani schauten ihm noch lange nach.

**Tagpfauenauge auf einer Pfefferminzblüte**

*„In den kleinsten Dingen zeigt die Natur ihre allergrößten Wunder."*
*Carl von Linne*

## Fantasie

Die Nacht senkte sich herab. Doch in der Höhle blieb es ruhig. Was war da los? Mirko krabbelte ins Innere. „Malu, schläfst du noch?“, flüsterte er leise.

Malu baumelte an seinem Felsvorsprung hin und her. „Nein, Mirko, ich überlege, wohin ich heute fliege. Irgendwie habe ich noch kein Ziel vor Augen und ich dachte so bei mir, es einfach etwas ruhig anzugehen.“

Mirko grummelte vor sich hin: „Na toll und ich mache mir Sorgen, was mit dir los ist.“

Malu breitete seine Schwingen aus und flatterte los. „So, Mirko, nun bin ich bereit, loszufliegen, auf in ein neues Abenteuer.“

Er flatterte geschwind aus der Höhle in die Nacht hinein. Der Mond stand groß und rund am Himmel, es war Vollmond. Vereinzelte Wolken zogen vorbei und dazwischen leuchteten die Sterne. Der Wald wurde in das Licht des Vollmondes getaucht und es war ein fantastischer Anblick. Er flog an der großen Eiche vorbei, doch zu seinem Erstaunen fand er Sophia nicht wie gewohnt auf ihren Platz. Er überlegte, wo sie wohl sein mag. War er heute wirklich so spät dran? Schnell flog er zum Waldrand, wo die große Wiese begann. Auch dort fand er Sophia nicht. Er schaute sich suchend um, als er mitten auf der Wiese etwas Komisches bemerkte. Mitten drin lag jemand. Er flatterte näher und plötzlich stutze er. Da lag Sophia mitten auf der Wiese flach auf dem Rücken, die Flügel weit gespreizt und neben ihr lag ein … was war das für ein komischer Kauz?, fragte er sich. Schnell flatterte er zu ihr.

„Sophia, was liegst du hier so komisch rum?“

Sophia blinzelte. „Oh, Malu, schön, dass du auch kommst. Schau, wen ich kennengelernt habe. Das ist Luam, der Dachs."

Luam schaute zu dem über ihm flatternden Malu auf. „Hi, Sophia hat mir schon von dir erzählt. Komm, leg dich zu uns."

Malu stutzte. „Warum liegt ihr hier mitten in der Wiese auf dem Rücken rum?" Er landete, ließ sich auf den Rücken fallen und streckte die Schwingen weit von sich.

„Also, wir beobachten die Wolken, schau einmal nach oben, wie sie am Mond vorbeiziehen."

Luam schielte zu Malu. „Mmh, und was soll das Ganze?"

Luam seufzte tief auf. „Schau, da rechts, sieht sie nicht aus wie ein kleiner Bär?"

„Wo ist ein Bär?"

Sophia schnaubte. „Malu, lass deine Fantasie spielen und schau genau nach oben."

Alle drei lagen eine Zeit lang still nebeneinander und starrten in den Himmel. Plötzlich rauschte etwas in der Luft und Imani, der Bussard, flog herbei. „Guten Abend, ihr gebt ein komisches Bild ab, ihr drei. Was soll das werden?" Luam verdrehte die Augen. „Leg dich einfach dazu und warte es ab."

Imani landete auf der Wiese, legte sich umständlich auf den Rücken und spreizte seine großen Flügel weit von sich, eine seiner Schwingen deckte Malu zu. „Hey Imani, rutsch ein Stück rüber, du deckst mich ab mit deinen riesigen Schwingen, da sehe ich nix mehr."

Imani schaute nach links. „Hey, wo bist du, ich sehe dich nicht?"

Malu kicherte los. „Logisch, du hast mich auch abgedeckt, jetzt mach hinne, sonst verpasse ich das Beste, rutsch ein Stück.“

Imani rappelte sich wieder auf, rutschte ein Stückchen zur Seite und legte sich wieder ausgebreitet hin. „Mmh und jetzt starren wir gemeinsam nach oben, oder was“, grummelte Luam genervt.

„Also, mal ehrlich, wenn das so weitergeht sehen wir gar nichts mehr, weil die Nacht vorbei ist, bis ihr endlich alle in Position liegt.“ Sophia lachte. „So, wir sind bereit.“

Es herrschte kurz Schweigen. „Aua, hey, runter von mir …“ Imani schrie plötzlich auf. Was war jetzt wieder los? „Hey, was liegt ihr hier mitten im Weg, ich hab euch gar nicht gesehen im Dunkeln.“

Malu rappelte sich auf. „Wisal, falls du es noch nicht bemerkt hast, du stehst auf Imanis Flügel.“

„Ups, sorry.“ Wisal, der Waschbär, hob das Beinchen und rutschte zur Seite, dabei verlor er seinen Teddy, den er im Arm hielt, und dieser plumpste auf Sophia, die wiederum hochfuhr. Luam stöhnte und setzte sich auf. „So wird das nie was. Sollen wir noch warten, vielleicht kommen gleich noch mehr vorbei?“

Malu brach in schallendes Gelächter aus. „Das ist wirklich witzig. Wisal, komm, such dir einen Platz und leg dich zu uns und dann legen wir endlich los, mit was auch immer.“

Wisal legte seinen Teddy auf die Wiese und ließ sich neben ihm auf den Bauch fallen, alle anderen legten sich wieder hin. Sophia fragte. „Nun, Luam, was jetzt?“

„Jetzt schauen wir in den Himmel und lassen unserer Fantasie freien Lauf. Schaut die Wolken an, was für tolle Gebilde sie sind. Was für bizarre Formen sie annehmen.

Schaut die Sterne an, die Sternbilder bilden, und achtet darauf, vielleicht fällt eine Sternschnuppe herab. Schweigt und entspannt und genießt die Magie dieser herrlichen Vollmondnacht."

Wisal gluckste. „Also, ich sehe keinen Himmel und es ist verdammt unbequem mit der Nase in der Erde."

Alle stöhnten tief auf und Malu schaute zu Wisal. „Wisal, menno, es hieß auf den Rücken legen und nicht auf den Bauch. Typisch, dreh dich um und schau nach oben."

Wisal rollte sich herum, dabei erwischte er Malu. „Auf die andere Seite, hier liege ich und ich will nicht als Matsch enden, weil du mich überrollt hast", stöhnte Malu. Endlich lagen sie alle nebeneinander und starrten in den Himmel. Es sah etwas komisch aus. Denn es lagen da drei Flugtiere mit weit gespreizten Flügeln auf dem Rücken mitten in der Wiese und dazwischen lag Wisal, der Waschbär, und Luam, der Dachs. Ach, und den Teddy darf man nicht vergessen. Alles war ruhig. Am Himmel zogen die Wolken am Vollmond vorbei. Malu flüsterte: „Wow, schaut mal, diese Wolke dort sieht aus wie eine Fledermaus."

Wisal gluckste. „Naja, eher wie eine Maus mit Hörnern."

Sophia seufzte. „Also ich sehe darin einen kleinen Drachen, was meinst du, Imani."

„Mmh, ja, wenn man genau hinsieht, könnte es eine Kreuzung zwischen Fledermaus und Drache sein."

Luam seufzte auf. „Ihr habt wirklich eine rege Fantasie. Also ich sehe darin ein riesiges Schloss mit Türmen und Zinnen, und schaut, da links kommen die Pferde herbei."

„Wo sind Pferde?" fragte Malu und schoss hoch.

„Hey, was machst du, bleib liegen!", schrie Luam auf. „Du hast gesagt, da kommen Pferde, weißt du eigentlich, wie weh es tut, wenn dich ein Pferd überrennt, wir liegen hier mitten in der Wiese, die sehen uns nicht.“

Luam atmete laut auf. „Menno, ich meinte doch am Himmel, Wolkengebilde, Fantasie … Malu, leg dich wieder hin, wenn echte Pferde kommen, glaub mir, das fühlst du in deinem Körper, wenn die Erde das Beben anfängt.“

Grummelnd ließ sich Malu wieder auf den Rücken fallen, alle schwiegen und schauten nach oben. Ab und zu hörte man ein leises „Ah“ und „Oh“. Doch plötzlich hörte man ein lautes Schnarchen. Alle stöhnten sie gemeinsam auf. Imani fing zu lachen an. „Wisal, aufwachen!“

Erschrocken schreckte Wisal hoch. „Was, Wie, wo bin ich …“

Luam verdrehte die Augen. „Also, so eine Nacht habe ich noch nie erlebt. Wer seid ihr, dass ihr so ein Chaos veranstaltet? Ich wollte doch nur heute Nacht Wolken und Sternschnuppen beobachten und meine Fantasie ausleben und nun habe ich hier das totale Chaos um mich herum.“

Malu und Sophia glucksten. „Lass es uns noch einmal versuchen, also alle hinlegen und du, Wisal, nicht schnarchen“, meinte Sophia. Flink legten sich alle wieder hin und starrten in den Himmel. Auf einmal schrie Wisal auf. „Schaut dorthin, da fallen Sterne vom Himmel, schaut schnell.“

Er fuhr hoch und rannte los. Malu rief ihm hinterher: „Wo willst du hin, Wisal!“

Wisal drehte sich noch einmal um. „Die Sterne auffangen, dass sie nicht kaputt gehen.“

Alle stöhnten auf. Plötzlich sagte Imani neben ihnen: „Es ist egal, lasst Wisal seine Sterne auffangen, wenn er das möchte. Schaut lieber nach oben, der ganze Himmel erstrahlt gerade von einem Sternschnuppenregen.“

Sie sahen wie gebannt alle in den Himmel und mit Tränen in den Augen bestaunten sie das seltene Phänomen. Lange schwiegen sie und lagen auf der Wiese herum. Irgendwann setzte sich Luam auf und sagte: „So, nun ist die Nacht bald zu Ende, der Morgen naht. Ich wandere jetzt zu meinem Bau. Es war trotz allem eine sehr schöne Nacht mit euch."

Sophia, Malu und Imani standen auf, als Wisal auf der Wiese entlang geschlichen kam und auf etwas einredete was er in seinen Pfoten hielt. Alle schauten sie ihm entgegen. Malu fragte: „Was hast du da?"

Wisal schaute mit einem Strahlen in den Augen alle an. „Schaut, ich habe einen Stern aufgefangen und gerettet." Ganz langsam öffnete er die Pfoten und heraus flog ein kleiner Lichtpunkt. Er schwebte zwischen allen hin und her. Er leuchtete mal hell, mal schwächer, flackerte kurz und wurde immer heller. Alle schauten gebannt auf den kleinen Lichtpunkt. Plötzlich schoss er los gen Himmel. Man hörte ein tiefes Ausatmen von allen. Wisal schaute strahlend in den Himmel. „Seht ihr, ich habe ihn gerettet, aufgefangen in meinen Pfoten und nun wird er wieder jeden Abend am Himmel erstrahlen und mir zuzwinkern, weil ich es war, der ihn gefangen hat." Mit großen Augen schauten alle Wisal an, dann in den Himmel. Malu staunte. „Ja so wird es sein, denn gerade diese kleinen Augenblicke sind es, die unser Leben bereichern und lebenswert machen. **Fantasie zu haben ist das eine, jedoch sie auch aus zu leben, das ist die wahre Kunst."** Mit diesen Worten machten sich alle auf den Weg in ihr Zuhause.

## Rollkur

Die Sonne stand schon sehr tief am Himmel als Malu erwachte. Er wollte heute Wisal suchen und schauen, was er wieder ausheckte. Er flog geschwind durch den Wald und grüßte nach allen Seiten, wenn er jemanden sah. Die Sonne war kaum noch zu sehen und es gab viele Wolken am Himmel. Dann sah er unter sich Wisal. Seinen Teddy hinter sich her ziehend huschte er durch den Wald zur Lichtung. Malu suchte sich einen Platz, von wo er ihn beobachten konnte. Wisal schaute sich um. Keiner in der Nähe, dachte er so bei sich. Doch plötzlich hörte er etwas rascheln. Da, vor ihm auf der Wiese, bewegte sich was. Es huschten zwei Marder geschwind über die Lichtung. Als sie Wisal sahen, stoppten sie und brachen in Gelächter aus. Wisal schaute beide verstört an. „Warum lacht ihr? Lacht ihr mich an, oder aus?“, fragte Wisal.

Die beiden lachten weiter und ignorierten ihn einfach. Wisal schüttelte den Kopf. „Hey, hört ihr mich? Ich bin Wisal und ich würde gerne wissen, warum ihr lacht.“

Die Marder schauten Wisal an und rieben sich die Lachtränen aus den Augen. „Hallo, wir sind Jannik, das bin ich, und Samson, mein Bruder. Warum wir lachen, möchtest du wissen? Na dann schau dich doch mal an. Du bist zum Lachen, so rund und kugelig.“

Wisal schaute entsetzt. „Ich bin nicht kugelig, ich bin ein Waschbär und wir sind eben etwas molliger. Das kann doch nicht so lustig sein.“

Jannik lachte wieder. „Ehrlich, Wisal, so dick, wie du bist, das ist doch nicht normal, wie willst du denn mit dieser Figur was erreichen? Das ist ja peinlich, mit dir gesehen zu werden.“

Wisal schaute noch entsetzter drein, das tat weh. Er drehte sich um und schlich sich langsam zurück in den Wald. Samson folgte ihm und sagte: „Komm, sei nicht gleich beleidigt, nur weil wir die Wahrheit sagen, du bist eben fett."

Wisal drehte sich um. „Ihr seid gemein, ich bin nicht fett und außerdem kommt es gar nicht darauf an, ob man dick oder dünn ist."

Jannik kam näher. „Schau uns an, was wir für einen tollen schlanken Körper haben."

Wisal grummelte: „Na klar, doch habt ihr keinen guten Charakter, wenn ihr über andere herzieht und sie auf ihr Äußeres herunterstuft."

Beide Marder schauten ihn an. „Wie kannst du etwas über unseren Charakter sagen, wenn du uns noch gar nicht kennst?"

Wisal grinste. „Na, und wie könnt ihr über meine Figur lästern, wenn ihr mich gar nicht kennt. Das ist genau das Gleiche, obwohl ich an der Art, wie ihr mich begrüßt habt, schon sehe, dass ihr sehr oberflächlich seid."

Mit großen Augen sahen Jannik und Samson ihn an. Etwas flatterte in der Luft und landete knapp vor Wisal. „Hallo Wisal, mein Freund, hast du neue Freunde gefunden?"

„Hallo Malu, nein, das sind keine Freunde, das sind zwei ganz gemeine Marder."

Malu drehte sich zu den beiden um. „Ich bin Malu, eine Fledermaus und wer seid ihr?"

Die beiden fingen wieder an zu lachen. Malu schaute verstört zu Wisal. „Sag mal, sind die nicht ganz dicht im Kopf?"

Jannik rieb sich die Augen. „Hey, wir sind normal, doch du bist eine Maus, wie lächerlich, mit Flügeln. Bist du im Labor gezeugt worden?“

Wisal seufzte auf. „Es ist hoffnungslos mit euch beiden. Warum müsst ihr alle erst beleidigen. Sicher habt ihr beide nicht viele Freunde, wenn ihr alle gleich auslacht, wenn ihr ihnen begegnet.“

Jannik schaute Samson an. „Samson, was meint er damit?“

„Was euch Wisal sagen möchte, ist“, begann Malu, „dass es egal ist, ob einer dick oder dünn, eine Maus oder ein Elefant, ein Großer oder Kleiner ist … es ist egal. Wichtig ist es, wie er im Inneren ist.“

Samson lachte. „Was interessiert es mich, wie er Inneren ist, es wäre doch peinlich, wenn uns andere mit Wisal sehen würden.“

„Warum peinlich? Wisal ist ein sehr guter Kumpel, mit dem man Pferde stehlen kann.“

Jannik seufzte. „Schau ihn doch mal genau an, er ist fett.“

Malu verdrehte die Augen. „Ja, und ich bin eine Maus mit Flügeln, na und was soll‘s, das heißt nicht, dass man mit uns keinen Spaß haben kann. Ihr seid wirklich oberflächlich, Freunde sucht man sich nicht nach dem Aussehen aus, sondern nach den inneren Werten. Es ist egal, wie jemand aussieht, wichtig ist, dass er zu einem steht und dass er ehrlich ist.“

Wisal grummelte: „Mit mir kann man viel Spaß haben, denn das ist mein Leben. Ich bin so, wie ich bin, und glaubt mir, sogar meine Figur hat Vorteile, denn ich kann super Wasserbombe spielen. Das könnt ihr nicht mit euren schlanken Körpern.“

Samson schaute nachdenklich drein. „Mm, ok, das stimmt, das kannst du sicher besser als wir. Doch kommst du auch in kleine Ecken, das können wir mit unseren schlanken Körpern."

Malu atmete tief durch. „Ihr seid echt nicht normal. Das ist doch alles nicht wichtig, wer was besser kann. Erst einmal lacht man niemanden aus, solange man ihn nicht kennt. Erst lernt man ihn kennen, es könnte ja auch sein, dass er krank ist und gar nichts dafür kann, dass er anders ist. Selbst wenn er einfach nur etwas dicker ist, kann er trotzdem ein super Freund sein. Auch wenn es eine Maus mit Flügeln ist, die übrigens nicht im Labor gezeugt wurde, könnte es sein, dass sie ein guter Freund wird. Denkt mal darüber nach."

Beide schauten sie bedröppelt. „Mmh, naja, da scheint was Wahres dran zu sein. Vielleicht sollten wir wirklich mal darüber nachdenken."

Wisal lachte. „Genau, macht das und es ist nie peinlich, mit einem Freund gesehen zu werden, denn eine Freundschaft steht über allem. Wenn ihr Lust habt, dürft ihr mit mir spielen, denn mir ist es nicht peinlich, mit euch gesehen zu werden. Ich habe viele Freunde und alle sind sie verschieden, doch was sie alle gemeinsam haben, ist, dass sie mich so nehmen, wie ich wirklich bin, weil ich sie auch so akzeptiere, wie sie sind."

„Genauso findet man Freunde Wisal", sagte Malu mit einem Lächeln, „einfach direkt sein und über das Äußere hinwegsehen."

Wisal schnappte seinen Bären und winkte Samson und Jannik zu, dass sie ihm folgen sollten. „Kommt mit runter zum See, dort können wir zusammen spielen."

Malu freute sich darüber. „Tja, so schnell bin ich vergessen, jetzt hat er neue Freunde. Doch wenn er Spaß hat, erfreut mich das."

Malu flog auf und machte sich auf den Weg zu seiner Höhle.

## Heimliches Treffen

Es war erst später Nachmittag, als man auf untypische Weise ein reges Treiben im Wald bestaunen konnte. Sophia flog lautlos zum Höhleneingang. Dort wartete schon Mirko auf sie. „Sophia, schön, dass du schon kommst. Lass uns geschwind losfliegen, damit Malu nichts davon mitbekommt.“

Er krabbelte in Sophias Gefieder und schon flogen beide in den Wald davon. Als sie zur großen Wiese kamen, wo auch Codys Baumhaus stand, flogen sie darauf zu und Sophia ließ sich auf einen der Fensterbalken nieder. Mirko krabbelte aus ihren Federn und schaute sich um. Es waren schon viele angekommen. Er sah Wisal, den Waschbären, mit seinem Teddy und Saira, das Eichhörnchen. Auch Basma, der Specht, und Alvin, der Eichelhäher, waren schon da. Dann hörte er Gelächter und durch die Luke am Boden des Baumhauses erschien Codys Kopf und ihm folgten Aylin und Jaro. „Hallo alle miteinander, warum sollten wir kommen? Gibt’s was Interessantes?“, fragte Cody.

Mirko krabbelte nach vorne. „Also, ich habe das geheime Treffen anberaumt, denn ich brauche eure Hilfe.“

Sophia schmunzelte. „Normalerweise ist es Malu, den wir um Hilfe bitten. Doch da dieses Treffen um diese Tageszeit stattfindet, denke ich, dass es mit ihm zu tun hat.“

Mirko lachte. „Genau, er darf davon nix mitbekommen, denn ich plane eine Überraschung für ihn.“

Wisal schaute mit großen Augen auf. „Ich liebe Überraschungen, wie willst du uns überraschen?“

Aylin und Jaro knufften Wisal. „Klar liebst du Überraschungen, doch Mirko will nicht uns überraschen, sondern eine Überraschung für Malu machen.“

Wisal grummelte: „Ich will auch überrascht werden, wäre doch doof, wenn nur einer überrascht wird.“

Alle verdrehten die Augen. „Mirko, sag uns erst mal was du vorhast, dann sehen wir weiter“, sagte Saira.

Mirko räusperte sich und fing an. „Also, Malu ist eine Fledermaus. Ihr alle wisst, dass er sich jedes Jahr, wenn es kälter wird, in den Winterschlaf begibt. Das muss er, denn sein Organismus ist nicht für den Winter ausgelegt. Doch dadurch verpasst er jedes Jahr das schönste Fest.“

Wisal hüpfte wild umher. „Fest… Fest… wir feiern ein Fest… das wird toll… ich liebe Feste …“

Alle atmeten tief durch. Cody schnappte sich Wisal und hielt ihn auf. „Wisal, nun mal langsam, lass Mirko erst mal zu Ende reden.“

Mirko verdrehte die Augen. „Genau, ich möchte ein Fest organisieren. Genau gesagt, ein Weihnachtsfest für Malu.“ Er schaute in die Runde und alle starrten ihn mit offenem Mund an. Basma, der Specht, fand zuerst seine Stimme wieder. „Mirko, wir haben August, bis Weihnachten ist es noch Monate hin.“

„Das ist es ja, was ich euch versuche zu sagen. Weihnachten schläft er und warum sollten wir nicht einmal das Weihnachtsfest vorziehen, sodass Malu auch daran teilnehmen kann? Damit er auch das Leuchten der vielen Lichterketten, den geschmückten Tannenbaum und die bunten Geschenke sieht.“

Ein Rauschen erklang und Imani, der Bussard, flog heran. „Was findet denn hier statt am späten Nachmittag?“

Sophia drehte sich in seine Richtung. „Mirko möchte für Malu ein Weihnachtsfest machen."

Imani legte seinen Kopf schief. „Mmmmh, ich verstehe. Warum sind wir in all den Jahren nie darauf gekommen? Wir feiern Weihnachten immer ohne Malu und wir haben es als selbstverständlich angesehen, dass er dann nie bei uns ist. Doch Mirko hat recht, es wird Zeit, dass Malu auch ein Weihnachtsfest bekommt."

„Aber wie sollen wir das machen, es ist August und es gibt keinen Schnee, keinen Weihnachtsmann und auch die Weihnachtsbäume gibt es noch nicht?", fragte Alvin.

Alle saßen überlegend und stirnrunzelnd da. Wisal hob die Pfote. „Ich habe eine Idee, sag mal Cody, normalerweise verstauen die Menschen doch das Glitzerweihnachtszeug auf ihren Dachböden und Kellern. Wir müssen nur dahin und uns etwas borgen. Dann gehen wir in den Wald und suchen uns einen schönen Tannenbaum, den wir schmücken können. Vielleicht hilft uns ja auch der alte Georg."

„Wow, Wisal, das ist es, wir holen dieses Glitzerzeug und ich weiß auch schon, wo eine tolle Tanne steht, die wir schmücken können", sagte Sophia.

Mirko drehte sich um. „Welche Tanne meinst du?"

„Die bei Zacharias' Hütte auf der kleinen Lichtung ist perfekt, und wenn wir Lynn fragen, hilft sie sicher mit."

Wisal schnappte seinen Teddy und rannte los. „Hey, Wisal, wohin willst du so schnell?", rief Mirko ihm hinterher.

Wisal drehte sich um. „Glitzerzeug besorgen und unseren Freunden Bescheid sagen."

Imani lachte auf. „Wisal hat recht, packen wir es an. Lasst uns Glitzerzeug sammeln und alles bei Zacharias'

Hütte bunkern, und wenn wir alles zusammen haben, dann fangen wir an, das Fest zu planen."

Mirko krabbelte wieder in Sophias Gefieder. „Sophia, bring mich zu der großen Tanne, ich will sie mir einmal ansehen."

Sie winkten allen zu und Sophia flog zu Zacharias' Hütte. „Schau, dort vorne, da steht sie, majestätisch, gigantisch und unbeschreiblich schön."

Mirko schaute die Tanne andächtig an. Ja, das war sie, die besondere Tanne für Malus Weihnachtsfest.

„Perfekt, einfach nur perfekt."

**Herzen**

Malu erwachte und flatterte direkt zum Höhlenausgang. Dort stutzte er und sah sich nach Mirko um. Alle Netze waren verlassen. „Mirkooooo, wo bist du?“ Es blieb still. Wo war er, fragte sich Malu. Er flog in den Wald hinein und dabei bewunderte er die schönen Farben, die der Abendhimmel in die Natur warfe. Es war wieder mal einzigartig. Die letzten Strahlen der Sonne warfen Muster an die Bäume, einfach nur wunderschön. Er liebte diese Zeit und oft verbrachte er diese kurzen Augenblicke mit Mirko vor der Höhle, bevor er losflatterte, doch heute war Mirko nicht da und das machte ihm Sorgen.

Unter ihm am Waldboden huschte Saira, das Eichhörnchen, entlang. „Hey, Saira, wohin so eilig, hast du Mirko gesehen?“, rief er ihr entgegen.

Saira schaute nach oben. „Guten Abend, keine Zeit, und nein, ich habe ihn nicht gesehen.“ Und schon war sie wieder weg.

Malu wunderte sich, denn normalerweise hatte Saira immer Zeit. Irgendwie kam ihm heute alles anders vor. Er hörte ein Rauschen und Imani, der Bussard, gefolgt von Lisa, dem Falken, kam mit einer hohen Geschwindigkeit auf ihn zu. „Ups, hey was habt ihr es so eilig?“

Imani drehte sich im Flug um. „Hey, Malu, schönen Abend … keine Zeit.“ Und schon waren sie wieder weg. So langsam wurde es Malu mulmig. Was war da nur los? Er erspähte Claudio, den Feuersalamander, am Boden, doch so schnell, wie er ihn sah, war er auch schon wieder entschwunden. Also, da sollten ihn doch ... Das war ja nicht zum Aushalten, alle in Hektik.

Malu entschied sich, zur großen Eiche zu fliegen, dort angekommen hängte er sich an einen Ast und schaute in den Wald. Es war ein superschöner Abend. Alles funkelte und glitzerte im Abendrot. Langsam fing er an hin und her zu baumeln. *„Ach, das Leben war schön, wenn man diese kleinen Momente erleben darf,*“ dachte er so bei sich. Doch noch immer machte er sich Gedanken, wo Mirko wohl war. Plötzlich bewegte sich sein Ast, an dem er hing, und er schaute nach oben. Lautlos war Sophia gelandet und aus ihrem Gefieder krabbelte Mirko. „Menno, wo wart ihr? Ich habe mir Sorgen gemacht, als ich dich nicht am Höhleneingang sah.“

Malu schwang sich hoch und schaute Mirko an. „Malu, du brauchst dir keine Sorgen zu machen, ich komme immer wieder, das weißt du doch. Heute hatte ich einfach mal Lust, mit Sophia etwas zu fliegen und so sind wir früher los.“ Malu grummelte vor sich hin.

„Malu jetzt sei nicht eingeschnappt. Eigentlich wollten wir zurück sein, wenn du erwachst, doch wir wurden aufgehalten“, sagte Sophia.

„Alles wieder gut … jetzt seid ihr ja da, was hat euch denn aufgehalten?“

Mirko und Sophia sahen sich an und legten beide gleichzeitig los. „Also, das war so, wir haben Georg getroffen …“

„Also, wir haben Cody getroffen …“

Malu verdrehte die Augen. „Na, kommt, lasst es gut sein, so, wie ich das sehe, habt ihr alle getroffen. Ihr seid entschuldigt.“ Malu lachte.

Sophia stupste Mirko mit ihrem Flügel an und zwinkerte die Augen zu. „Also, Malu, da wir nun da sind, was machen wir heute Nacht?“

„Ich denke, wir nehmen uns die Zeit und suchen Herzen."

Mirko schaute Malu fragend an. „Herzen suchen?"

„Ja, fiel mir gerade ein, als ich den schönen Abendhimmel beobachtete und die letzten Strahlen durch die Bäume fielen, da warf das Licht ein Herz an die große Buche. Es währte nur einen kurzen Augenblick doch es war ein Herz. So dachte ich mir, ich suche heute Nacht Herzen."

Sophia schmunzelte. „Wo willst du suchen, jetzt ist es dunkel, nur der Mond und die Sterne erhellen die Nacht."

Malu flatterte auf. „Folgt mir, wir fliegen runter zum Fluss."

Mirko beeilte sich, in Sophias Gefieder zu krabbeln, und schon schwebten sie durch den Wald zum kleinen Bächlein. Denn mehr war es nicht. Dort landeten sie am Ufer und sahen Malu zu, wie er von einem großen Stein ins Wasser starrte.

„Was jetzt?", seufzte Sophia.

„Hab ich doch gesagt, Herzen suchen."

„Malu, meinst du, die liegen da im Wasser rum?"

Malu atmete tief durch und plötzlich schrie er los: „Schaut da, mitten im Bach ist ein Herz. Kommt, schaut es euch an."

Mirko krabbelte neben Malu und starrte auf die Stelle, auf die Malu zeigte. „Wo?"

„Ihr müsst genau hinschauen, seht ihr den kleinen flachen Stein neben dem Schilf am Boden? Er hat die Form eines Herzens."

Alle schauten sie gebannt ins Wasser und tatsächlich, der Stein hatte die Form eines Herzens.

„Wow, echt krass, da liegt ein Herz mitten im Wasser und nur, wenn man genau hinsieht, sieht man es. Es ist, als hätte es sich absichtlich versteckt", hauchte Malu leise.

Lange schauten sie alle drei das Herz an und erfreuten sich an dem Fund. Nach einiger Zeit flatterte Malu auf. „Kommt wir schauen, ob wir noch mehr Herzen finden."

Sophia folgte und sie flogen weiter. Es war eine sehr schöne Nacht und die Sterne funkelten am Himmel, nur vereinzelt waren Wolken zu sehen. „Schaut dort oben, ich habe auch ein Herz gefunden", rief Mirko aus dem Gefieder.

„Wo?"

„Da oben, schaut die kleine Wolke neben dem Mond an, sie hat die Form eines Herzens."

Alle schauten sie in den Himmel und tatsächlich, für einen kurzen Augenblick, hatte die Wolke die Form eines Herzens angenommen. Nur ein kurzer Augenblick, wo die Wolke die Form annahm, doch genau in diesem Augenblick schaute Mirko empor und sah es. **Diese kleinen Augenblicke waren es, die das Leben besonders machten**. Sie zogen weiter zur großen Wiese. Dort flog Malu einige Looping und schaute sich um. „Seht ihr was?"

Sophia flatterte lautlos knapp über die Wiese, doch sie sah nichts. Doch da unten regte sich etwas. Ein Erdhügel entstand und Galdur, der Maulwurf, erschien. „Hallo, ihr da oben, was fliegt ihr hier kreuz und quer über die Wiese?"

Malu grinste. „Wir suchen Herzen."

„Ach so, wenn es weiter nichts ist, dann buddel ich mal weiter." Und schon war er wieder verschwunden.

Am Ende der Wiese sah Malu eine tiefe Furche in der Erde und flog darauf zu. „Schaut, kommt her, ich glaube, hier könnte sich ein Herz versteckt haben."

Alle huschten zu der Furche und besahen sie sich näher. Tatsächlich, der Traktor des Bauern hat eine tiefe Rille in die Wiese gefahren und mittendrin hatte sich in der Form eines Herzens Wasser gesammelt. Alle staunten sie. „Boah, echt unheimlich, wie viele Herzen sich versteckt haben, wo man keine erwartet“, flüsterte Mirko.

„Das macht Spaß. Was meint ihr wo noch welche versteckt sind?“ Malu schaute fragend seine Freunde an.

Sophia überlegte. „Wisst ihr, ich denke, wenn wir genau hinschauen und uns auf Herzen fixieren, werden wir auch noch viele finden. Wichtig ist nur, dass wir richtig sehen, selbst mit offenen Herzen durch die Natur wandern. Sie sind überall versteckt. Ich habe schon einen Baum gesehen, dessen Wurzeln in Herzform verschlungen waren.“

„Genau so sehe ich das auch. Es macht auch Freude, Herzen zu suchen, denn es fordert uns auf, genau hinzusehen und achtsam durch die Natur zu gehen. Wenn man schnell durchhuscht, sieht man es nicht.“ Malu lächelte voller Freude. Die drei flogen zum Waldrand und setzten sich auf eine große Buche, sodass sie die Wiese überblicken konnten. Sie lauschten und aus dem Wald flatterte Imani, der Bussard, herbei. „Hallo, was macht ihr hier?“

„Wir suchen Herzen“, sagten sie gemeinsam.

„Ui, da werde ich euch ein Herz herbei zaubern, passt auf …“ Imani flog einmal über die Wiese, dann gab er einen schrillen Pfiff von sich. Plötzlich flogen lauter kleine Lichtpunkte über der Wiese auf und man konnte kaum seinen Augen trauen, über der Wiese entstand ein großes funkelndes Herz. Zusammengesetzt aus lauter einzelnen Glühwürmchen. Es sah fantastisch aus. Alle staunten sie und ließen diesen tollen Anblick auf sich wirken. Malu sah nach oben in die Sterne und dort, wenn man genau hinsah, sah man die Spiegelung der Glühwürmchen in den Sternen am Himmel – ein superschönes Herz. Lange saßen sie zusammen. Schweigend, ergriffen, staunend. Herzen, die Liebe, Glück, Freude und Freiheit ausstrahlten. Die Natur war voll davon – wenn man mit dem Herzen schaut, denn das Wesentliche ist für die Augen unsichtbar. So ging wieder eine sehr schöne Nacht zu Ende und als Malu später an seinen Schlafplatz die Augen zumachte, träumte er von Herzen.

## Zaunkönig-Kinderstube

*Gehe mit offenen Augen durch die Natur und sie wird dir viel offenbaren.*

## Es geht auch ohne Plastik …

Heute war es nebelig und schon den ganzen Tag wollte die Sonne nicht herauskommen. Die Tiere des Waldes jedoch hielt es nicht ab, sich alle bei Zacharias‘ Hütte zu versammeln. Lynn und Zacharias saßen auf der Veranda und auch der alte Georg und Moja waren da. Lynn schaute in die Menge der Tiere, die sich versammelt hatten. Vor ihnen saßen Basma, der Specht, Alvin, der Eichelhäher, Sophia, Mirko, Imani, die Eichhörnchen Saira mit Jack und Paul, Hope, die Füchsin, mit ihren Kindern, natürlich Wisal mit seinem Teddy, Luam, der Dachs, und viele mehr. Alle waren sie gekommen, um mitzuhelfen.

„Hallo, schön, dass ihr so zahlreich erschienen seid. Also, wir alle wollen für Malu ein Weihnachtsfest veranstalten. Doch ich finde, da wir mitten im Jahr haben, sollten wir es Glitzerfest nennen. So erfinden wir einfach ein neues Fest und können es jedes Jahr wieder feiern.“ Lynn wartete ab.

Plötzlich brach Jubel los. „Super Idee.“ „Spitze.“ „Megacool.“ „Unser eigenes Waldfest.“ „Oh Menno und was ist mit dem Weihnachtsbaum?“, fragte Wisal ganz enttäuscht.

„Wir machen eben einen Glitzerbaum daraus und das Besondere daran wird sein, dass wir nur Material aus der Natur verwenden werden“, schlug Georg vor.

Wisal schaute ihn ganz entsetzt an. „Was ist denn mit den Lichtern, Kugeln, Lametta usw. Das wächst nicht auf Bäumen?“

„Also, das sehe ich anders. Schaut genau hin, wenn ihr durch die Natur wandert, es gibt viele Dinge, die glitzern und funkeln“, sagte Imani.

Mirko krabbelte nach vorne. „Ich könnte Netze in den Baum weben und dann benetzen wir sie mit Wasser, falls es nicht regnet. Sie glitzern total schön, wenn Wassertropfen darauf liegen."

Claudio, der Feuersalamander, hob die Hand. „Also ich weiß, dass unten am See schönes Silbergras steht. Wenn wir das holen und in den Baum hängen, glitzert es sicher auch. Man könnte Zöpfe daraus flechten oder Sterne basteln."

„Blumen, was haltet ihr von Blumen – diese schönen gelben, die wie Sterne aussehen. Sie gibt es auch in rot und weiß. Die können wir in den Baum legen, anstelle von Kugeln", überlegte Hope, die Füchsin.

Alle klatschten sie Beifall.

„Sagt mal, können wir nicht auch ein paar schöne Beerenzweige sammeln oder etwas Obst, das wir dazwischen hängen?", bedachte Saira, das Eichhörnchen.

Alvin, der Eichelhäher, flog heran. „Ich spendiere Nüsse, die ich für schlechte Zeiten versteckt habe, die passen auch mit rein."

Ein Vorschlag folgte dem anderen und Moja fing an zu lachen. „Seht ihr, der Glitzerschmuck liegt doch im Wald. Wir müssen gar nicht lange suchen, zusammen werden wir einen wunderschönen Baum für Malu zaubern.

„Was ist mit Geschenken, die muss es auch geben", fragte Wisal.

Zacharias grummelte: „Geschenke, Geschenke, wer braucht Geschenke. Das Wichtigste ist doch, dass Freunde da sind und Geschichten. Das Wichtigste ist, dass man sich mit guten Freunden umgibt. Geschenke haben nur einen materiellen Wert. "

„Genau, Zacharias, du erzählst uns eine Geschichte. Wir helfen dir, eine zu finden. Ich weiß, dass auch eine tolle Weihnachtsgeschichte in dir steckt, und ich weiß auch, wie wir sie hervorlocken."

Lynn schaute alle an. „Wisst ihr, seit Zacharias Alzheimer hat, üben wir jeden Abend, uns an etwas zu erinnern, und ich habe bisher immer etwas gefunden, damit die Erinnerungen wieder hervorkommen. Denn sie stecken tief in ihm verborgen, doch sie sind da. Man muss sie nur hervorlocken."

Sophia spannte ihre Flügel. „Auf, auf, nun gibt es viel zu tun. Vor allen darf Malu nichts mitbekommen. Es soll ja eine Überraschung sein. Sammelt alles, was uns von Nutzen sein kann, und bringt es hierher, damit wir dann zusammen den Baum schmücken können."

Wisal hopste auf und ab. „Was ist mit dem Schnee, Schnee gehört auch dazu und Lichter, viele Lichter."

„Ach, Wisal, warte es ab, da fällt uns auch noch etwas dazu ein."

Die Tiere verschwanden voller Eifer, so hatten sie doch eine große Aufgabe zu bewältigen und das Schwierigste an der Sache war, dass Malu nichts mitbekommen sollte. Denn das machte die Überraschung erst zu etwas Besonderen, jedoch auch zu etwas besonders Schwierigem.

## Sei du selbst

Die Sonne hatte sich den ganzen Tag nicht gezeigt und somit war der Mond schon früher am Himmel zu sehen. Wolken zogen an ihm vorbei. Doch auch das war ein sehr schönes Schauspiel. Es sah irgendwie geheimnisvoll und mysteriös aus. Malu streckte und reckte sich und flatterte wie jedem Abend nach draußen. Mirko war damit beschäftigt, ein Netz zu weben. „Hallo, na was habt ihr heute wieder gemacht, während ich geschlafen habe?"

Mirko schaute erschrocken hoch. „Wir, gemacht – was sollen wir gemacht haben?"

Malu stutzte. „Mirkoooooo, sagt mal, was geht da vor? Ihr seid irgendwie komisch die letzten Tage?"

„Wir? komisch? Nein, wir sind voll normal, normaler geht es gar nicht. Sag mal. was hast du heute so vor?"

Malu schüttelte den Kopf. „Weiß nicht, mal sehen, ich flieg einfach los und sehe, was die Nacht mir bringt." Er erhob sich in die Luft und flink verschwand er im Wald. *„Komisch, echt komisch, wie Mirko sich benimmt"*, dachte er so bei sich. Der Wald war heute sehr düster durch die vielen Wolken am Himmel, doch hier und da sah man ein Sternchen aufblitzen und auch der Mond lugte heraus. Es war nie ganz dunkel und das gefiel Malu. Egal, wie schlecht das Wetter auch war, es gab immer irgendwo ein kleines Licht. Geschwind huschte er zwischen den Bäumen vorbei, flog einige Loopings und erfreute sich an der Nacht. Irgendwo raschelte es und er schaute nach unten, doch was er geglaubt hatte zu sehen, war schon wieder verschwunden. Als er am Waldrand ankam, schaute er ganz perplex, denn auf der Wiese huschte ein komisches Gebilde hin und her. Es sah aus wie eine große weiße Kugel. Er flatterte darauf zu, doch es war ziemlich schnell. Dann entdeckte er zwei kleine Feldmäuschen, die das Schauspiel auch beobachteten, und flog zu ihnen.

„Guten Abend, ihr zwei. Ich bin Malu, sagt mal, wisst ihr, was das ist?“

Die beiden schauten zu Malu und lachten. „Ja, das ist unsere Schwester Malina. Sie ist etwas komisch veranlagt. Wir sind Marvella und Mirabella, sozusagen die drei Ms.“

„Mmh, was macht sie da eigentlich?“

„Also, sie meinte heute morgen, sie möchte gerne ein Schaf sein, nun rennt sie den ganzen Tag schon über die Wiese und sammelt Löwenzahnsamen an sich, in der Hoffnung, dass sie dann keine Angst mehr vor den Gefahren haben muss, die von oben kommen. Du weißt ja, wir kleinen Mäuschen haben viele Feinde, vom Himmel und von der Erde aus, und sie hat beobachtet, als der Schäfer mit seinen Schafen dieser Tage hier lang wanderte, dass er diese beschützte.“

Malu schüttelte den Kopf. „Schlauer Gedanke von ihr, nur wird das nicht lange halten. Ich meine, die Samen an Malina.“

Malina flitzte näher, erklomm einen Blütenstängel und strahlte alle an. „Schaut mal, Marvilla und Mirabella, sehe ich nicht wie ein Schaf aus? Wenn jetzt wieder der Schäfer vorbeikommt, mische ich mich unter die Schafe und bin beschützt.“

Alle fingen zu grinsen an, es sah wirklich verdammt lustig aus.

Lautlos schwebte Sophia heran. „Guten Abend, was habt ihr hier für einen Spaß und wer oder was ist das hier vor uns am Stängel?“

„Darf ich vorstellen – Sophia, die drei Ms. Und drei Ms, das ist Sophia“, prustete Malu los.

„Ok, die 3 Ms, muss ich das jetzt verstehen? Gut, dass ich schon gespeist habe. Doch nun kenne ich euch und Essen, das einen Namen hat, schmeckt mir nicht.“

Die Mäuschen schauten entsetzt Sophia an. „Ooookaa-ayyy“, sagten sie sehr lang gezogen, „das ist wirklich gut von dir. Wir sind Marvella, Mirabella und unter dem Löwenzahnsamen versteckt sich Malina. Deswegen die drei Ms.“

„So, so, und was hat es nun für eine Funktion mit dem Löwenzahn?“

Malina drehte vorsichtig ihren Kopf zu Sophia. „Ich habe mich als Schaf verkleidet, so kann mich der Schäfer beschützen und ich kann friedlich ohne Angst auf der Wiese spielen.“

Sophia dachte eine Weile darüber nach, dann schaute sie zu Malu. „Kommt mal alle hier her, ich möchte euch mal was sagen.“

Die drei Feldmäuschen und Malu rutschten näher an Sophia heran. „So wie ihr geboren werdet, in dieser Gestalt, die euch das Leben gab, so lebt ihr auch. Jedes Lebewesen, sogar der Mensch und nicht nur wir Tiere, haben Feinde und wir sind auch Feinde für den einen oder anderen. Das ist der Zirkel des Lebens. Wir müssen unsere Gestalt, unser Sein, so annehmen, wie es ist. Stellt euch mal einen Wolf im Schafspelz vor – das wäre verheerend. Bei der Geburt ist unsere Seele in ein Lebewesen geschlüpft und dies ist nun die Heimat und das Zuhause unserer Seele. Also müssen wir dies akzeptieren, mit allen Vor- und Nachteilen. Wir können nicht einfach hergehen und etwas Neues aus uns machen. Das verfälscht uns und lässt uns unsere wahre

Natur vergessen. **Bleibe immer dir selbst treu, steh zu dem, was du bist, mit allen Höhen und Tiefen. Denn du bist du und niemand anderes.**"

Alle schauten sie Sophia schweigend an. Malina schüttelte sich plötzlich und wild wirbelten die Löwenzahnsamen um alle herum. Es war lustig und durch die Flocken, die herumwirbelten hörte man ein schallendes Gelächter erklingen. Malu jauchzte auf. „Hurra, endlich kann ich auch mal im Schnee stehen."

Sophia flog empor und wedelte mit ihren Schwingen, dass die Löwenzahlsamen noch mehr wirbelten. Sie dachte so bei sich: *„Hey, gute Idee ... das ist es."* Und sie flog davon. Malu und die drei Ms hatten noch lange ihren Spaß mit den Pollen und Malina sang fröhlich ein kleines Liedchen beim Herumhüpfen. „Ich bin ich, ich will niemand anderes sein …"

Als die Sonne sich langsam am Horizont zeigte verabschiedete sich Malu von den drei Mäuschen und flog nach Hause. Es war eine schöne Nacht gewesen und mal ganz ehrlich? *Ist es nicht schön, echt zu sein?* **Sei du selbst, denn das ist deine Bestimmung im Leben.**

## Überraschung

Heute knackte und raschelte es im ganzen Wald. Ein emsiges Treiben war zugange. Schon den ganzen Tag hörte man diese Geräusche neben den normalen Klängen der Natur. Die Vögel sangen lauter als sonst und man glaubte fast, dass sogar die Blätter an den Bäumen mehr raschelten als an einem normalen Tag. Imani, der Bussard, flog durch den Wald und bestaunte das Leben, das plötzlich darin herrschte. Als er an der Lichtung bei Zacharias Hütte ankam, staunte er nicht schlecht. Ein völliges Durcheinander war dort zugange. Er landete auf der Veranda und blickte sich kopfschüttelnd um. Lynn trat mit Zacharias aus der Hütte und fing an zu lachen. „So geht es schon seit heute morgen, Imani. Alle haben so viel Schmuck für den Baum zusammengetragen, dass wir den Baum zum Schluss gar nicht mehr sehen werden."

Imani verdrehte die Augen. „Naja, jeder will helfen und wir schauen erst, was wir alles so haben."

Wisal hopste herbei. „Sag mal, Imani, wann kommen Sophia und Mirko, dass wir das Schmücken anfangen können?"`

„Die sind auch gleich da, dann kann es losgehen. Soviel ich weiß kommen die Kinder auch zum Helfen."

Wisal jauchzte auf. „Supi, das wird toll werden."

Lautlos rauschte Sophia, die Eule, mit Mirko herbei. „Na, ich sehe schon, es ist das totale Chaos. Wo haben sie nur all das Zeug her? Doch egal, irgendwie werden wir alles ran bekommen. Die Kinder sind auch schon auf den Weg, um zu helfen."

Mirko krabbelte auf's Geländer und schaute Imani an. „Sei so nett und flieg mich rüber zu der Tanne, dass ich das Weben anfangen kann."

Imani schnappte sich Mirko und sie flogen los. Es war gerade mal Mittag und die Sonne stand hoch am Himmel. Noch war Zeit, doch es gab viel zu tun. Lachend kamen die Kinder mit Moja an der Hütte an. Moja setzte sich auf die Veranda und die Kinder bestaunten, was die Tiere alles gesammelt hatten. Cody stand mit offenem Mund vor dem großen Haufen. „Wow, das ist eine Menge, da werden wir viel zu tun haben." Aylin und Jaro schnappten sich ein paar der herumliegenden Tannenzapfen.

„So, wie ich das sehe werden wir zuerst Aufhänger an den ganzen Sachen machen, und Kalea, die Schwalbe, kann sie dann mit ihren Freunden in den Baum hängen. Irgendwie müssen wir einen Anfang machen."

Basma, der Specht, flatterte herbei. „Was soll ich euch bringen, damit ihr anfangen könnt?"

„Also, wir brauchen etwas Binsengras, um Aufhänger an die ganzen Nüsse, Zapfen, Äpfel und Zweige zu binden", sagte Moja.

Basma flog los und kam kurz darauf mit Alvin, dem Eichelhäher, zurück. Beide hatten sie den Schnabel voller Binsengras. „Hier, wenn ihr mehr braucht, sagt es. Wisal ist auf dem Weg, um noch mehr zu besorgen."

Die Kinder fingen an, die Berge von Waldfrüchten zu sortieren. Aylin schmunzelte. „Also, da haben die Tiere viel gebunkert. Denn ich habe noch nie so viele Eicheln und Nüsse im August gesehen. Lass uns Ketten daraus basteln, die können wir dann über den Baum hängen."

Lynn holte Werkzeug und schon ging es los. Cody und Jaro bohrten Löcher und die Mädels fädelten die Ketten auf. Als Band nahmen sie das starke Binsengras. Hope, die Füchsin, kam gefolgt von ihren Kindern und den Mardern aus dem Wald. Hinter sich herziehend hatten sie Zweige mit roten und schwarzen Beeren. „Schaut mal, die können wir auch verwenden.“

Lynn schnappte sich direkt einen Zweig und band ein Binsengras an. Sie hielt es in die Luft und schon kamen zwei Vögel angeflogen und nahmen den Ast in Empfang, um ihn zum Baum zu bringen. Nach und nach holten die Vögel des Waldes den Baumschmuck ab und flogen ihn in die Tanne. Da gab es Ketten aus Tannenzapfen, Eicheln, Kastanien, Nüssen. Es gab Beerenzweige und Silberblätter. Sogar ein paar Äpfel und Birnen wurden aufgehängt. Die Kinder flochten Zöpfe aus Lavendel und Thymian. Alles wurde verwendet, was die Tiere des Waldes brachten. Moja und Lynn bastelten Sterne aus dem getrockneten Stroh, das die Mäuschen mitgebracht hatten. Die Biber hatten Bambus vorbeigebracht und auch daraus wurden schöne Sterne und Herzen gebastelt. Alles wurde von den Tieren der Lüfte in den Baum gebracht. Sophia, die als Nachttier etwas geschlummert hatte, reckte sich nun und flog zur großen Tanne hinüber. Das war ein Anblick, unglaublich. Sie flog mehrmals um den Baum und konnte es gar nicht fassen, wie wunderschön er jetzt schon war. Dann entdeckte sie Mirko, der sich emsig damit beschäftigte, Netze zu weben. „Mirko, das ist mega. So eine Pracht habe ich schon lange nicht gesehen.“

Mirko winkte Sophia zu. „Ja, das ist es, reine Natur und Freundschaft.“

Sophia flatterte zurück und sah Wisal aus dem Wald kommen. Er schleppte seinen Teddy hinter sich her. „Huhu, Sophia, das ist wirklich toll und ich habe allen Bescheid gesagt, dass sie heute Abend kommen sollen."

„Klasse, Wisal, dann kann nichts mehr passieren, die Überraschung ist perfekt und wir müssen nur noch Malu herlocken."

Wisal verzog sein Gesicht. „Wir haben jedoch immernoch ein kleines Problem. Was ist mit den Glitzerlichtern und dem Schnee?"

Sophia lachte. „Wisal, lass dich überraschen, auch das wird klappen. Du weißt doch, die Magie liegt im Herzen."

Als Malu seine Schwingen streckte und seinen Blick durch die Höhle wandern ließ, entdeckte er Sophia, die auf einem Vorsprung hockte. „Guten Abend, Sophia, was machst du schon hier?"

„Guten Abend, Malu. Ich warte darauf, dass du wach wirst, und habe selbst etwas geschlummert."

„Habe ich verschlafen?"

„Nein, die Sonne sinkt gerade erst am Horizont herab. Doch, komm, lass uns zusammen die Abendröte genießen."

Malu flatterte los und Sophia schwebte lautlos hinter ihm her. Sie wurden draußen von einem prachtvollen Himmel empfangen. Der ganze Horizont schien zu brennen. Es war wunderschön. Das Licht brach sich in den Bäumen des Waldes und zeichnete bizarre Formen an die Stämme. Beide genossen den Flug und Sophia übernahm die Führung. Als sie an der großen Eiche ankamen, machten sie Halt. „Sophia, wohin fliegen wir heute mal wieder?"

„Heute, Malu, folgst du mir. Lass dich einfach mal überraschen."

Malu schmunzelte. „Ok ich lass mich gerne überraschen. Dann los, noch ist die Nacht jung.“ Sophia flog voran und als sie so dahinflogen, gesellte sich auf einmal Imani dazu.

„Hallo, Malu, heute flieg ich auch mit euch.“

„Imani, schön, dass du mitkommst.“

Es ging kreuz und quer durch den Wald, über die große Wiese und wieder zurück. Malu wunderte sich etwas, denn es war ein wildes Hin- und Hergeflatter. Doch was soll‘s, er folgte Sophia, es musste ja nicht immer alles einen Grund haben. Einfach mal darauf los fliegen, ohne besonderes Ziel vor Augen. Irgendetwas wird einem dabei schon begegnen. Zurück in den Wald ging es quer hindurch. Als sie Zacharias‘ Hütte näherkamen, lachte Malu auf. „Super, wir besuchen Zacharias. Er hat bestimmt eine Geschichte für uns.“

Imani und Sophia schauten sich an und schmunzelten. Mittlerweilen war es finstere Nacht und der Mond war hinter Wolken versteckt. Dann kam die Lichtung und Malu riss die Augen auf. Was war da los? So viele Tiere des Waldes und auch seine menschlichen Freunde waren versammelt. Orenda hatte ein kleines Feuer vor der Veranda entzündet und stand mit ihrem Stab bereit. Imani und Sophia nahmen Malu in die Mitte und landeten auf der extra angebrachten Stange vor der Hütte.

„Wow, was ist hier los?“, fragte Malu staunend. Er schaute sich um. Es war Wahnsinn, so, als wären alle Bewohner des Waldes heute Nacht hier zusammengekommen. Er sah die Füchse, die Eichhörnchen, den Dachs, die Biber, die Salamander, den Igel und den Maulwurf, sogar das Rotwild war da und so viele Vögel saßen auf Stangen und Ästen. Dann waren die Kinder und auch der alte Georg, der Förster Jacob und Moja da. Er konnte gar nicht alle aufzählen. Malu schaute in die Runde, alles schwiegen sie und sahen zu Orenda. Orenda hob ihren Stab und warf eine Hand voll Kräuter in die Flammen. Diese zischten rot auf und Funken sprühten in den Himmel. Dann gaben die Wolken den Mond und die Sterne am Himmel frei. Malu schaute gebannt auf die große Tanne, die auf der kleinen Lichtung stand. Plötzlich schwirrte ein Lichtschweif Glühwürmchen herbei und legte sich in Spiralen vom Stamm bis zur Spitze um die Tanne. Er hörte etwas zischen in der Luft und viele Vögel flogen empor und benetzten den Baum mit Wasser. Es fing zu funkeln und zu glitzern an. Er sah, dass dies durch die Netze entstand, die in den ganzen Tannenbaum eingewebt waren. Als sich die Wassertropfen auf die Fäden legten und das Licht darauf fiel, funkelten sie wie Diamanten.

Dann riefen alle zusammen: „ÜBERRASCHUNG, MALU!!!"

Malu kam aus dem Staunen nicht mehr heraus. Er hatte Tränen in den Augen und stotterte. „Wa… wa…rum das All...les und wie…so …?" Er war so gerührt. Sophia legte einen Flügel um Malu und Imani tat das gleiche von der anderen Seite. „Das, Malu, ist dein persönliches Glitzerfest. Du bist Weihnachten nie bei uns, da du im Winterschlaf bist, und so hat Mirko vorgeschlagen, dass wir dir dein eigenes Glitzerfest organisieren. Dies ist dein Glitzerbaum, von deinen Freunden mit Liebe geschmückt."

Malu liefen nun die Tränen über das Gesicht. „Wow, was soll ich bloß sagen? Meine Freunde, ich danke euch von ganzem Herzen. **Es gibt nichts Schöneres im Leben, als wahre Freunde zu haben.** Diesen Augenblick werde ich immer im Herzen tragen, das ist das beste Geschenk, das ich je bekam."

Wisal hopste herbei. „So, Malu, und nun wird gefeiert.“

Alle Tiere und Menschen verteilten sich um den Glitzerbaum. Die Vögel flatterten zwitschernd dazwischen. Wenn man genau hinhörte, erklang ein wunderschönes Lied. Die Tanne erstrahlte im Licht der Glühwürmchen und alle hopsten und tanzten um den Baum. Malu flatterte mit seinen gefiederten Freunden in Spiralen den Baum rauf und runter und drum herum. Plötzlich erklangen die Töne einer Mundharmonika und auf der Terrasse des kleinen Häuschens konnte man Zacharias sehen, wie er mit dem Instrument eine kleine Melodie anstimmte. Es war keine Geschichte, doch die sanften Töne, die er dem Instrument entlockte, gingen ins Herz. Der Mond und die Sterne leuchteten vom Firmament auf die Besucher des Festes. Malu wischte mit seinen Schwingen über die Augen. Er hörte es rascheln im Baum und schaute nach oben. Ganz oben an der Spitze erschienen drei kleine Mäuschen und als sie sich schüttelten schwebten weiße Löwenzahnsamen wie Schirmchen um den Tannenbaum. Es sah aus, als würde es schneien. Malu hörte Wisal aufjauchzen. „Schaut, Schnee. Es schneit im Sommer, extra für Malu, jipiiiii.“

Malu lachte schallend und alle stimmten ein. Ja, es schneite, die Fantasie ließ alle Grenzen offen. Es war der Glaube, der die Freude machte. Es waren keine Löwenzahnpollen, nein, es war Schnee und es hörte gar nicht auf zu schneien obwohl die Pollen sich schon lange auf den Boden gesetzt haben müssten. Denn das war die Magie, die nun erwachte. Es war die Freude aller, die Natur, das Licht im Dunkeln, die Magie im Herzen, die es ermöglichte, dass es schneite und dass es einem sogar vorkam, als würden die Sterne sich vom Himmel bewegen und sich auf die Tannenspitzen setzen, um mitzuleuchten und Licht ins

Dunkel zu bringen, um Malus Glitzerfest zum Erfolg zu führen. Es war eine magische Nacht und ein magisches Fest. Die Ausgelassenheit jedes Einzelnen trug dazu bei, dass Malus Glitzerfest wundervoll war, denn jeder trug nur eines im Herzen: Malu eine Freude zu machen. Es wurde gelacht, getanzt, gesungen, die ganze Nacht, bis die ersten Strahlen der Sonne am Horizont erschienen und langsam das nächtliche Licht an der Tanne verschwand. Doch auch im Licht der aufgehenden Sonne erstrahlte er in seiner Pracht. Die Gäste umarmten Malu alle noch einmal und gingen langsam nach Hause. Sophia, Mirko und Malu saßen noch auf der Veranda. Malu seufzte auf: **„Wisst ihr, ich besitze das Wertvollste, was man im Leben haben kann – Freunde.“**

Die Sonne stand schon hoch am Himmel, als Malu in seine Höhle flog, und er dachte vor dem Einschlafen so bei sich: *„Was bin ich doch für eine glückliche Fledermaus, dass ich solche Freunde des Herzens habe.“*

***Es muss nicht unbedingt gleich ein Glitzerbaum sein, mitten im Wald, um jemandem etwas zu schenken. Kleine Überraschungen, ein schöner Zweig, ein Stein oder ein Blatt, das man auf einem Spaziergang durch die Natur gefunden hat, oder einfach eine liebevolle Umarmung – solange es von Herzen kommt, sind dies die wertvollsten Geschenke.***

## Er ist zurück

Malu wachte mit einem Lächeln im Gesicht auf. Noch eine ganze Zeit blieb er hängen und dachte an die letzte Nacht. Die Nacht seines Glitzerfestes. Er war noch so voller Euphorie und er war glücklich, glücklich, dass er so viele gute Freunde hatte. Nach einiger Zeit hörte er Mirko brüllen: „Maluuu, es wird langsam Zeit, dass du aufstehst, die Sonne ist schon ganz untergegangen und der Mond wartet auf dich."

„Mirkooooo, ich komm ja schon!", rief Malu zurück. Lachend flog er zum Höhlenausgang. „Hey, Mirko, boah, war das gestern toll, ich bin noch total aufgedreht, obwohl ich geschlafen habe. Es war soooo megacool und die Erinnerung daran wird immer in meinem Herzen bleiben."

Mirko schmunzelte. „Genauso sollte es sein, dass es dich erfreut und dass du schöne Erinnerungen hast, von denen du in deinen langen Winterschlafmonaten träumen kannst."

„Danke, danke, danke!" Malu stupste Mirko freundschaftlich mit dem Flügel an und flatterte geschwind in die Nacht hinein. Heute fühlte er sich besonders frei und unsagbar freudig. Mit guter Laune schwirrte er zwischen die Bäume hindurch, grüßte alle, denen er begegnete und rief lauthals „DANKE" in den Wald.

Die Nacht war klar und der Mond stand hell am Himmel. Man konnte die Sternbilder super gut erkennen, da keine einzige Wolke am Himmel war. Es glitzerte und funkelte am Firmament. Man konnte fast annehmen sie freuten sich mit Malu mit. Plötzlich stutzte er. Was war das? Er bremste seinen Flug ab und flog langsam auf die kleine Lichtung im Wald. Immer am Rand entlang schaute er auf das, was er da sah. Das konnte doch nicht sein, oder doch?, dachte er so bei sich. Er hängte sich so leise wie möglich an einen Ast. Mitten auf der Lichtung standen Wölfe. Wow, majestätisch stand der Leitwolf vor seinem Rudel. Lautlos schwebte Sophia herbei und setzte sich auf den Ast, an dem Malu hing. „Krass, Malu, schau dir das an. Wann haben wir zuletzt welche gesehen?"

Malu schwang sich hoch. „Sophia, wo kommen sie her?"

„Weiß ich nicht. Wollen wir sie fragen?"

„Bist du verrückt, schau ihn dir an, er macht einen Schnapp und ich bin weg", flüsterte Malu.

„Sei nicht so ein Feigling, die sehen nicht hungrig aus. Ich werde mal vorsichtig Hallo rufen."

Malu schlug Sophia mit seinem Flügel auf den Schnabel. „Pssst, ich glaube, sie haben uns gehört."

Der Leitwolf trat auf ihre Richtung und grollte: „Ihr wisst schon, dass wir Wölfe ein sehr gutes Gehör haben. Euer Flüstern nützt gar nichts, ich verstehe euch trotzdem."

„Ups, erwischt", wisperte Malu und dann etwas lauter: „Hallo, ich bin Malu und das ist Sophia. Wir sind nicht euer Nachtmahl, wir kommen in Frieden. Schaut, Sophia, hat extra ihr weißes Federkleid angezogen, sozusagen die Friedensflagge."

Die Wölfe fingen an zu lachen und Sophia gab Malu einen Klaps mit dem Flügel.

„Wir fressen euch nicht, wir sind satt. Es besteht keine Gefahr für euch. Ich bin Themba der Leitwolf dieses Rudels. Neben meiner Gefährtin gibt es noch fünf Wölfe, die zu meinem Rudel gehören. Wir wandern auf der Suche nach einen Platz, wo wir uns niederlassen können."

„Habt ihr kein Zuhause?", fragte Malu.

„Weißt du, wir sind nicht willkommen, doch wir kommen zurück. Jahrelang haben sie uns zurückgedrängt, doch nun ist es an der Zeit, dass wir uns unseren Lebensraum zurück holen."

„Ach, wieder mal der Mensch." Malu schüttelte den Kopf. „Ihr seid doch Tiere dieser schönen Natur, klar habt ihr ein Recht, hier zu leben."

Themba warf seinen Kopf nach oben. „Seit Anbeginn der Zeit gibt es uns. Wir waren zuerst da, dann kam erst der Mensch. Es ist unsere Heimat, die sie uns streitig machen wollen. Der Mensch kam und jagte uns, fing das Roden der Wälder an und nahm uns unser Territorium. Gefressen und gefressen werden, so ist das Gesetz der Natur. Doch wir jagen, um zu überleben, um Nahrung zu haben. Wir jagen nicht, wie der Mensch heute es macht, denn er jagt zum Spaß. Der Mensch trieb uns in die Siedlungen, denn er nahm uns unseren Lebensraum. Sie halten unsere Abkömmlinge als besten Freund des Menschen und wollen uns ausrotten, die Urvorfahren ihrer Lieblinge."

Sophia seufzte auf. „Das Problem ist, der Mensch hat Angst vor euch. Seinen Hund zuhause kann er abrichten, euch jedoch nicht. Er hat Angst um sein Nutztier, dass ihr es reißt. Er hat Angst, dass der Wald nicht mehr sicher ist, wenn wieder Wölfe darin leben."

Malu schaute Themba an. „Es ist nicht so, dass sie euch nicht mögen als das, was ihr seid, Tiere der Natur. Es ist eher die Unerfahrenheit mit euch, da ihr lange nicht hier lebtet."

„Malu, unser Jagdinstinkt, unsere Natur, zwingt uns dazu zu jagen. Nicht aus Spaß und Freude, nein, wir jagen, um Nahrung zu bekommen und auch nur das, was wir brauchen. Wir bevorzugen Wild, doch manchmal bleibt uns nichts anderes übrig, als auch mal ein Schaf zu reißen, um unsere Kleinen zu ernähren. Der Mensch kernt die Wildtiere, das Rotwild zum Beispiel, aus. Oft haben wir keine Wahl und müssen das nehmen, was uns vor die Nase läuft.“

Sophia spannte die Flügel. „Was ist mit der Angst, die der Mensch vor euch hat?“

Themba schüttelte seinen Kopf. „Wir sind wie alle Tiere, greift man uns an oder bedroht man uns, schlagen wir zurück. Lässt man uns in Frieden, gehen wir lieber jedem aus dem Weg, der unsere Fährte überquert.“

„Das ist auch richtig so. Wenn man angegriffen wird, muss man sich wehren. Man kann nicht dabeistehen oder sich umdrehen, wenn man bedroht wird, denn man muss seine Lieben schützen“, sagte Malu.

„In erster Linie flüchten wir, wenn wir Gefahr sehen. Doch ich habe eine Familie zu beschützen und für sie gehe ich durchs Feuer. Bei unserer Gattung ist die Familie das wichtigste und meine Aufgabe als Leitwolf ist es, diese zu schützen. Wir wollen in Frieden leben, denn es ist unsere Heimat, wir haben das Recht dazu, hier zu leben. Wir wollen keinem einen Platz streitig machen, wir wollen nur unseren Lebensraum zurück. Wir Wölfe sind bereit, mit den Menschen zusammenzuleben, wenn sie denn auch uns akzeptieren.“ Malu schaute das Rudel an. „Weißt du, Themba, du hast recht. Ihre Hunde lieben sie, doch deren Vorfahren wollen sie ausrotten. Ich glaube, sie haben vergessen, dass ihr Wölfe die gleichen Gene tragt wie ihre Haustiere. Sie sagen immer, ihr Hund tut nix. Er jagt nicht, er ist abgerichtet. Doch allzu oft sehen wir, dass diese abgerichteten Haustiere jagen und vor allem das Wild aufscheuchen. Klar rufen sie sie ab, doch der Schaden ist schon angerichtet. Es liegt in der Natur des Hundes, zu jagen, denn er stammt von euch Wölfen ab. Sie vergessen, dass ihr Familie seid, die man eigentlich beschützen muss."

Sophia schmunzelte. „Naja, Malu, so kann man das auch nicht sehen. Klar stammt der Hund vom Wolf ab, doch durch die ellenlange Züchtung ist nicht mehr viel Wolf übrig und daran hält sich der Mensch fest. Der Mensch sucht sich immer den leichtesten Weg, denn es ist der einfachste. Der Wolf ist böse – seine Nachfahren sind Lieblinge. Was anderes wollen sie nicht sehen. Nimm die Füchse. Es gibt so viele von ihnen und wie oft sieht der Mensch einen? So gut wie nie, weil die Füchse dem Menschen aus den Weg gehen. Sie wollen gar keinen Kontakt mit dem Menschen, mit euch Wölfen wäre es genau so. Doch er hört nur: Der Wolf ist zurück. Und nun tritt Panik auf. Es ist immer wieder dasselbe. Anstatt dass er erst einmal nachdenkt und sich darüber freut, dass ihr euch wieder hier ansiedelt, sieht er nur das Negative. Als es noch selbstverständlich war, dass ihr in unseren Wäldern lebtet, machte sich keiner Gedanken darüber. Gefahren gehen nicht nur vom Wolf aus, auch der Fuchs jagt und die Wildschweine zerstören ganze Siedlungen und doch akzeptieren sie diese Waldbewohner. Viele Menschen denken auch immer noch, es gäbe hier in Deutschland keine Schlangen, doch wir kennen Danger, die ausgewachsene Ringelnatter, und ihre Nachkommen. Wir kennen Kreuzottern, die im Dickicht leben. Wir kennen Luchse, die sogar der Mensch wieder angesiedelt hat. Wie oft hört man, dass ein Fuchs, ein Luchs oder eine Schlange einen Menschen angreift oder ein Nutztier reißt? Der Mensch hört nur Wolf und schon heißt es Gefahr."

Themba grummelte: **„Welch geistlose Armut muss unter den Menschen herrscht, dass sie von Tieren ver-**

**langen, was sie selbst nicht vermögen.**[1] Wir sollen nicht jagen, um zu überleben, doch der Mensch jagt, um Fleisch zu haben, und er jagt auch aus Jux und Tollerei.“

Malu schnaubte. „Ihr Wölfe steht auf der geschützten roten Liste und trotzdem wird darüber Balaber gemacht, ob ihr euch nun ansiedeln dürft oder nicht. Das ist wieder ein riesig großer Witz der Menschen. Es gibt ein Gesetz, das euch schützt. Warum akzeptieren die Menschen nicht mal ihre eigenen Gesetze? Ich finde, man muss euch euren Lebensraum wieder zurückgeben und euch als das akzeptieren, was ihr seid, Wölfe. Wölfe, die ein Recht haben, hier in den Wäldern zu leben. Der Mensch hat Nutztiere im Überfluss, das eine oder andere, was ihr reißt, um zu überleben, wird ihn nicht an die Hungersnot bringen.“

Themba schaute Malu anerkennend an. „Danke, deine Worte sagen es. Wir werden keine Hungersnot oder Elend unter die Menschen bringen, wenn wir hier in der Natur leben. Wir bringen keine Gefahr, wir beeinflussen das Klima nicht, verschmutzen keine Umwelt und roden keine Wälder. Wir wollen nur, das, was uns immer schon gehört hat – unseren Lebensraum zurück, um in Frieden unsere Nachkommen aufzuziehen.“

„Themba, du bist die Hoffnung, halte daran fest, dass der Mensch auch euch wieder akzeptieren wird. Er muss nur noch auf den rechten Gedanken gebracht werden. Gib nie die Hoffnung auf und beschütze dein Rudel. Wir heißen dich hier herzlich Willkommen in unserem kleinen Stückchen Natur.“

Sophia nickte Malu bestätigend zu. „Ja, herzlich Willkommen, siedel dich ruhig hier an, uns störst du nicht,

---

[1] Karin Szech

denn wie jedes Lebewesen hast auch du und deine Familie ein Recht, auf diesem Planeten zu leben."

Malu und Sophia flogen auf. Themba warf den Kopf in den Nacken und heulte dem Mond entgegen. Ja, sie waren wieder zurück, die Wölfe, die Urahnen unserer Hunde und die wahren Besitzer der Natur. Als Malu am Morgen in seine Höhle flatterte dachte er so bei sich:

**„Tierschutz ist immer nur ein Tropfen auf einen heißen Stein. Doch viele Tropfen ergeben einen Wasserfall."**[2]

---

[2] Klaus Albers

## Sternenzauber

Malu flatterte aus der Höhle hinein in die farbenfrohe Pracht des Abendhimmels. Mirko war nicht zu sehen, doch das war egal, sicher war er wieder mit Sophia unterwegs. In letzter Zeit machte er das öfters. Malu verstand das, denn Mirko konnte ja nicht so weit krabbeln, um auch einmal etwas Neues zu sehen und zu erleben. Er fand es gut, dass sich Sophia und auch Imani darum kümmerten, dass er bei ihnen hin und wieder mitreisen durfte.

Der Abend war sehr schön. Die Luft war lau und der Wald wurde von den letzten Strahlen der untergehenden Sonne erhellt. Er flog erst einmal zickzack um die Bäume, geradewegs auf die große Eiche zu. Von weitem sah er schon seine beiden Freunde darauf sitzen. „Guten Abend, ihr zwei, ich wusste doch, dass ich euch hier finden kann."

Sophia lachte. „Guten Abend Malu, wir sind schon etwas eher los und dachten, dass du uns hier finden würdest."

Mirko grinste. „Ich hatte heute mal Lust, was anderes zu sehen, deshalb ließ ich mich abholen."

Malu setzte sich auf den Ast neben Sophia und legte seine Schwingen um sich rum. „Sag mal, Sophia, ich hab da einmal eine Frage? Also, neulich haben wir mein Glitzerfest gefeiert, das ist so etwas wie das Weihnachtsfest gewesen, das ich nie mitbekomme. Doch das hat mich auch neugierig gemacht. Sag mir, wie ist der Winter?"

Mirko schauderte. „Kalt, einfach nur kalt. Ich verkrümmle mich dann immer ganz tief in die Höhlen und das weiße Zeug, das sie Schnee nennen, ist auch total kalt und nass."

Malu schaute beide mit großen Augen an. „Ich dachte, das ist etwas Schönes. Die Kinder erzählen immer, dass Schnee toll ist.“

Sophia schmunzelte. „Weißt du, Malu, es ist wie bei allen Dingen – eine Sache der Ansicht. Ich will euch einen frostigen Tag beschreiben.“ Sophia plusterte ihr Gefieder auf und holte tief Luft. „Die Nacht weicht langsam zurück und die ersten Schlieren der aufgehenden Sonne erscheinen am Horizont. Noch sieht man den Mond immer blasser werden am Himmel. Die Luft ist eisig und wenn man Luft holt, sieht man seinen Atem vor sich. Jedoch ist sie auch sehr rein und frisch. Dann beginnt das Schauspiel, das Firmament fängt an, in vielen Rottönen zu erstrahlen. Wenn man auf die Wiesen und Felder schaut, erkennt man eine weiße glitzernde Schicht. Jeder einzelne Grashalm ist mit Eis überzogen. Jeder Strauch, jedes Blatt, das den Herbst überlebt hat, ist betroffen. Im Dorf sind die Dächer weiß vereist und aus den Schornsteinen steigt Qualm empor. Wenn die Sonne ihr erstes Licht auf diese Schicht wirft, funkelt und glitzert es überall. Es ist eine zauberhafte Welt, die sich da eröffnet. Die Stille ist besonders bewegend. So, als würde der Reif, der sich niedergelassen hat, alle Töne mit sich nehmen.“

Malu zwinkerte. „Oh, das muss wunderschön sein. Doch wo ist er Schnee?“

Sophia hob den Flügel. „Der Schnee? Schnee sind gefrorene Regentropfen. Dadurch, dass es sehr kalt ist in den Luftschichten, gefriert der Regen und kommt in weißen Eiskristallen auf die Erde. Sie sehen aus wie kleine weiße Sterne, die vom Himmel fallen und sich auf die Natur niederlegen, ganz sanft und leise. Alles wird mit abertausenden dieser weißen Sterne überzogen. Scheint die Sonne darauf, erscheint es wie Kristalle. Nachts erhellt dieser Sternenteppich die Natur, dass es erscheint, als wäre es Tag. Es ist eine beeindruckende Landschaft und die Stille, die sich über die Natur legt, macht das Ganze zu etwas Magischem. Unter dem Schnee ist die Flora und Fauna geschützt, denn nun kann kein Frost und keine Nässe ihr mehr schaden. Es ist, als würden die Eissterne sie wärmen und geborgen in ihren Armen halten. Dieser Schutz der Winterruhe ist wichtig, damit sie im Frühjahr kraftvoll erblühen können. See und Bachläufe erhalten eine Eisschicht und darunter überdauern schlafend die Tiere des Wassers den Winter. Oftmals kann man nicht mehr erkennen, wo das Ufer aufhört und der See beginnt. Alles ist eine Fläche, nur durch die Schilfhalme, die sich aus dem Eis recken, erkennt man, wo der See ist."

„Wow wie toll, schade, dass ich das nie erleben kann. Ich würde in dieser weißen Pracht voll auffallen bei Nacht. Wie ein schwarzer Schatten würde ich darüber flitzen. Warum lieben dann viele Menschen den Winter nicht, wenn er doch so schön ist?", fragte Malu.

„Es ist so, dass viele Menschen nur die Kälte und Nässe sehen. Das sie beim Autofahren Probleme haben, schneeschippen und frieren. Sie müssten sich Zeit nehmen, um zu sehen und zu fühlen. Sie sollten mit offenen Augen durch die Natur gehen und diese Winterlandschaft annehmen. Sie sollten tief durchatmen, um die Reinheit der Luft und die magische Stille der Natur zu genießen. Dann würden sie sich auf diese Jahreszeit freuen. Ein klitzekleines Umdenken und schon ist Schnee nicht mehr Schnee, sondern es sind viele Eissterne. Sterne sind etwas Helles, Fröhliches, bringen Hoffnung und Kraft und sie funkeln und glitzern."

„Ja, genau, und sie machen Freude im Herzen", lachte Malu.

„Genau so ist es, eine Sache der Ansicht." Mirko schnaubte. „Tja da haben wir den Salat, Ansicht ist nix weiteres als Umdenken. So einfach und für so viele so schwierig."

Malu breitete seine Schwingen aus und flatterte empor. „Heute werde ich von Eissternen träumen, die sich in meine Höhle verirrt haben. Denn das Leben ist schön, egal, welche Jahreszeit wir haben." Flugs flog er von dannen und seine Freunde schauten ihm lachend hinterher.

**„Flöckchen wundervoll, zart kristallisiert, sich reinlich, sternengleich verweben, in flauschigen Gebilden arrangiert, wie feenhafte Wesen niederschweben. Naturzauber in höchster Vollendung, Glanz und Schönheit der Schöpfung, alles in gedämpfter Ruhe versinkt, weißes Wunder die Welt verschlingt."**[3]

---

[3] Horst Reiner Menzel

*Die Welt der Kälte birgt wunderschöne Sehenswürdigkeiten*

## Gefahren

Der Wald war in Aufruhr. Was war da bloß los? Wisal rannte auf die Höhle zu. Schon von weitem rief er: „Maluuuu, Mirkooo kommt schnell!“

Mirko seilte sich vom Fels ab. „Wisal, was ist denn los, dass du so brüllst?“

„Mirko, wecke rasch Malu auf, irgendwas ist da los, es sind ganz viele Kinder im Wald und das zu dieser Abendstunde.“

Malu flatterte heraus und schaute Wisal an. „Was brüllst du so, dass ich fast von meinem Fels gestürzt bin, vor Schreck?“

Wisal verdrehte die Augen. „Menno so hört mir doch endlich mal zu. Es sind ganz viele Kinder im Wald und das zu dieser Abendzeit, da muss was passiert sein.“

Malu gähnte. „Ok, da schauen wir mal nach. Mirko, wir sagen dir später bescheid. Komm, Wisal, dann wollen wir los.“ Er ignorierte ausnahmsweise mal die schöne Abenddämmerung und flatterte hinter Wisal her in den Wald. Als sie zu der kleinen Lichtung kamen, stutzte er. Auf der Wiese saßen in einem Kreis viele Kinder und in der Mitte hatten sie ein kleines Lagerfeuer angezündet. Er sah jedoch auch, das Orenda, die Schamanin, und Moja dabei waren.

Malu flatterte näher. „Hallöle, was treibt ihr hier mitten am Abend, wo es doch gleich dunkel wird?“

Moja hob den Kopf. „Oh, guten Abend, Malu, du kommst gerade recht, komm zu uns, wir machen heute mit den Kindern einen Naturabend.“

Malu landete und krabbelte zu Moja auf die Decke. Wisal hüpfte herbei, zur Belustigung der Kinder. „Huhu ich bin auch da.“

„Ach, Wisal, du darfst natürlich auch nicht fehlen. Also komm her und leiste uns Gesellschaft.“

In der Luft rauschte es und Sophia flog heran. „Guten Abend, was macht ihr hier?“

Orenda lachte. „Also, wenn das so weitergeht, ist gleich der ganze Wald hier versammelt. Wir haben heute vor, den Kindern einen Naturabend zu bescheren und dazu sind wir heute Abend hier zusammengekommen.“

Plötzlich wurde es unruhig auf der Lichtung und aus dem Wald trat Hope, die Füchsin, und sie hatte ihre kleine Adia auf dem Rücken liegen. „Hallo, kann mir jemand helfen?“

Cody, einer der kleinen Jungen, sprang auf und rannte zu Hope. „Was ist passiert mit Adia?“ Ganz vorsichtig hob er das kleine Fuchskind von seiner Mutter und brachte es zu Orenda ans Feuer. Liam, der kleine Bruder von Adia, sprang aus dem Wald. „Die doofen unverantwortlichen Menschen. Meine kleine Schwester ist verletzt, wegen der doofen, unverantwortlichen Menschen.“

Orenda nahm Adia entgegen und dann sahen alle, dass ihr Vorderlauf voller Blut war. Hope trat näher und leckte es ab. „Bitte helft meiner Kleinen. Sie ist irgendwo reingetreten beim Spielen. Liam holte mich gleich, doch sie konnte nicht mehr laufen und seit einiger Zeit ist sie auch nicht mehr bei Bewusstsein.“

Liam schimpfte vor sich hin. „Wir konnten es nicht sehen, wir spielten und dann hörten wir einen Hund bellen und wir rannten los, um uns zu verstecken, und plötzlich knickte Adia ein und jaulte. Ich lief zurück und da funkelte was Grünes zwischen den Ästen am Boden. Doch ich sah nur das Blut und versuchte sie zu stützen. Doch weit kamen wir nicht, also versteckte ich Adia und holte Mutter.

Dann hörten wir, dass ihr hier seid, und Mama sagte, da wird Adia geholfen, also sind wir hier."

Sophia flog auf. „Komm, Liam, während man sich um Adia kümmert, zeigst du mir mal die Stelle, an der es passiert ist." Sophia flog hinter Liam in den Wald. Orenda nahm ihren kleinen Beutel und holte ein paar Kräuter heraus. Damit machte sie einen Umschlag um Adias Beinchen. „Es ist kein tiefer Schnitt, doch hat sie viel Blut verloren und wir müssen nun hoffen, dass die Blutung bald aufhört und sie wieder an Stärke gewinnt. Sie legte Adia vorsichtig auf den Boden und sogleich rollte sich Hope um sie herum. Seufzend schaute sie in die Runde der Kinder, die alles schweigsam beobachtet hatten. „Nun warten wir mal auf Sophia, was sie entdeckt."

In diesem Augenblick kamen auch schon Sophia und Liam zurück. Sophia landete auf Mojas Schulter. „Tja, Liam hatte recht, es lag an den unverantwortlichen Menschen. Es waren zerbrochene Flaschen, sinnlos weggeworfen. Eine große Gefahr für uns Tiere."

Orenda schüttelte den Kopf. „Immer wieder dieses Problem. Gut, dass wir heute hier sind, sonst hätte die kleine Adia keine Chance."

Ein kleines Mädchen hob die Hand. „Es ist doch immer viel Müll im Wald und ich habe mich auch schon geschnitten und ich lebe noch."

Malu schaute alle an. „Wisst ihr, der Mensch hat Ärzte, die ihm helfen, doch wir Wildtiere haben so etwas nicht. Klar passen wir auf, dass nichts passiert, wir kennen die Gefahren und trotzdem passiert es. Wenn ihr zugehört habt, was vorhin Liam geschildert hat, die Situation, wie es passiert ist, dann würdet ihr die Gefahr auch verstehen."

Alle schauten Malu an. Moja strich über Sophias Federkleid. „Kinder, was macht ihr, wenn ihr Gefahr wittert oder Angst habt, ihr flüchtet, um euch zu verstecken. In dem Moment achtet ihr auch nicht mehr darauf, wohin ihr tretet. Genauso geht es den Wildtieren im Wald. Liam und Adia spielten und dann hörten sie den Hund, wahrscheinlich sogar ein Freilaufender, und ihr Instinkt sagte flüchten und sie rannten los. In dem Augenblick achtete niemand mehr auf die Gefahr am Boden und so passierte es. Es ist zwar nur eine kleine Verletzung, doch dadurch, dass sie viel Blut verloren hat, wurde sie schwächer und verlor das Bewusstsein. Das ist eine große Gefahr, denn nun ist der Organismus geschwächt und hätte Orenda ihr nicht mit den Kräutern geholfen, hätte sich diese kleine Wunde entzündet und Adia wäre gestorben.“

Die Kinder schauten alle entsetzt drein. Malu schüttelte den Kopf. „Müll ist eine sehr große Gefahr für uns Tiere des Waldes. Klar sind wir nicht dumm und kennen es – doch liegt es auch in unserer Natur zu flüchten vor Gefahren und diese sind oftmals freilaufende Hunde, unsere natürlichen Feinde, der Mensch, sogar Gewitter, Geräusche und Regen zählen dazu. In diesem Moment wird dieser achtlos weggeworfene Müll zu einer tödlichen Falle für alle Tiere.“

Die Kinder schauten Malu mit großen Augen an. Die kleine Aylin fragte. „Wenn ich durch den Wald gehe, sehe ich oft Müll liegen, jedoch verstehe ich nicht, warum ein kleines Stückchen Papier, von einem Bonbon zum Beispiel, so eine Gefahr sein soll? Scherben verstehe ich ja und den Sperrmüll der unzulässig entsorgt wird.“

Orenda seufzte. „Auch so ein Papier kann eine große Gefahr sein. Es gibt Tiere, die riechen die Süße und versehendlich schlucken sie das Papier mit. Das verklebt dann den Magen und sie sterben mit großen Schmerzen. Es sind Tiere. Wenn sie etwas finden, das nach Futter riecht, können sie nicht mehr unterscheiden, ob es gut oder schlecht ist für sie. Sperrmüll ist eine Gefahr, da sich darin oft scharfe Gegenstände befinden wo man sich verletzen kann."

Moja überlegte. „Wisst ihr, am besten ist, wenn man immer eine Tüte dabei hat im Wald und vielleicht ein paar Einweghandschuhe. Dann kann man achtlos weggeworfenen Müll aufsammeln und mitnehmen. Natürlich sollte man in erster Linie seinen eigenen Müll gar nicht erst wegwerfen und vor allem, wenn man sieht, dass jemand eine größere Menge Müll entsorgt hat, dies auch den entsprechenden Stellen melden. Da gibt es viele Möglichkeiten, den Förster, die Stadt oder das Grünflächenamt. Merkt euch die Stelle und gebt es weiter. Das ist ein Anfang, um die Gefahr einzudämmen."

Malu schaute die kleine Adia an, die mit ihrer Mutter vor dem Lagerfeuer lag. „Ihr seht, was passieren kann, an der kleinen Adia. Sie hat Glück gehabt, dass wir gerade hier sind. Andere haben diese Chance nicht. Ihr müsst viel achtsamer durch die Natur gehen. Die Natur ist wunderschön, wenn man sie mit offenen Herzen durchwandert, doch gehört dazu auch, sie zu schützen. Wir sind Tiere, dies ist unsere Heimat, doch sind wir auf euch Menschen angewiesen, dass ihr unsere Lebensräume sauber haltet und die Gefahren, die von den menschlichen Dingen ausgehen, von uns fernhaltet."

Orenda hob ihren Stab. „Malu hat es sehr schön gesagt. **Die Natur ist der Lebensraum der Tiere, in dem der Mensch Ruhe und Schönheit findet. Sie ist jedoch auch**

**der Atem der Welt. Jeder Baum, jede Pflanze erzeugt Sauerstoff und reinigt die Luft, die wir Menschen atmen. Wenn wir diese Natur nicht schützen und sauberhalten, wird uns Menschen irgendwann die Luft ausgehen. Es ist ein Kreislauf und es liegt in der Hand jeden Einzelnen, etwas dazu beizutragen, dass der Atem der Welt nicht erlischt.**"

Wisal, der Waschbär, räusperte sich. „Unsere Erde ist unser einziges Zuhause, wo sollen wir denn hingehen wenn sie kaputt ist?"

Sophia flatterte auf. „Tja, da stehen wir dann genauso da wie der Mensch. Denn wir sind miteinander verknüpft, nur wird die Natur den längeren Atem haben."

Malu flog auch empor. „Es ist traurig, dass man über Umweltschutz sprechen muss, doch manchmal begreift man es erst, wenn man sieht, was man schützen soll und warum. Liebe Kinder, geht mit offenen Augen durch unsere Natur und vor allem nehmt wahr, was ihr schützen sollt, denn es ist eure Zukunft und die eurer Kinder und Kindeskinder. Es gibt immer Hoffnung, nur der Anfang liegt bei jedem Einzelnen." Mit diesen Worten flog Malu in den Wald.

Die Kinder saßen noch lange am Lagerfeuer und schwiegen. Es bedurfte keiner Worte, denn sie sahen Adia, ihr Leiden und sie hatten Malus Worte in Gedanken. Sie holten tief Luft und spürten den Atem der Welt, deren Schutz in der Verantwortung jeden Einzelnen lag.

## Die guten alten Zeiten …

Von der Thermik der Luft getragen, ließ sich Sophia über den Himmel gleiten. Die Sonne ging gerade unter und der Horizont verfärbte sich in den abendlichen Farben. Malu erwachte auch gerade und flatterte aus den Höhlen hinein in die magische Welt des Abends. Es war ein tolles Gefühl, sich von der Luft tragen zu lassen und die Stille, die sich langsam mit der Dämmerung über die Welt legte, in sich aufzunehmen.

Sophia entdeckte Malu und beide flogen sie Pirouetten in der Luft. „Guten Abend, Malu, ist sie nicht wieder einzigartig, diese Abenddämmerung. Ich fühle mich richtig frei und losgelöst."

Malu jauchzte auf. „Genau, es ist fantastisch. Jeder Abend und jede Nacht ist einzigartig, keiner gleicht der anderen. Jeden Abend singen die Vögel ihr Abendlied, doch jedes Mal hat es eine andere Kraft in sich. Hörst du die Blätter der Bäume rauschen? Selbst sie stimmen mit ein, in das Wunder des abklingenden Tages."

Die Farben der Dämmerung verschwanden und wurden vom Licht der Nacht ersetzt. Der Mond stand hoch am Himmel und vereinzelt lugten Sterne aus den Wolken hervor. Malu und Sophia flogen in den Wald, sie atmeten tief durch und ließen sich vom Mond leiten. Als sie den Waldrand an der Siedlung erreichten, flogen sie über das große Feld. „Schau, Sophia, bei Georg brennt Licht auf der Veranda, lass ihn uns besuchen. Wir waren schon lange nicht mehr bei ihm."

Sophia schmunzelte. „Das ist eine gute Idee, dann komm, sagen wir ihm guten Abend."

Beide flogen sie zu dem kleinen Haus am Dorfrand. Hier wohnte der alte Georg. Schon von weitem sahen sie, dass er auf seiner Veranda saß, eingemummelt in einer Decke, mit einer Tasse Tee in der Hand. Sie landeten auf dem Geländer und schauten Georg an. „Guten Abend, Georg, wir kommen dich besuchen“, sagte Malu.

Georg lachte. „Oh, Sophia, Malu, da freue ich mich doch sehr. Heute ist ein besonders schöner Abend gewesen und jetzt, wo die Nacht beginnt, ist es noch schöner. Ich genieße diese Stille, die die Nacht mit sich bringt. Die Stille der Natur lässt mich reflektieren und in Erinnerungen schwellen.“

Malu überlegte. „Erinnerungen, was meinst du damit?“

„Erinnerungen an früher, an die guten, alten Zeiten, an Vergangenes, an Schönes, das ich erlebt habe. So ein toller Abend ist dafür perfekt.“

„Kannst du uns etwas erzählen, von den guten, alten Zeiten?“ Malu legte den Kopf schief und zwinkerte Georg zu.

„Warum nicht, wenn ich schon zwei Zuhörer hier habe, kann ich euch auch davon erzählen.“

Georg nahm einen Schluck Tee und überlegte. „Wisst ihr, früher war vieles anders. Es gab viele Rituale, die immer gleich waren. Heute gibt es die nur noch selten oder nur zu bestimmten Feiertagen und oftmals nicht mal dann. Ich denke gerne daran zurück. Es war nicht immer leicht, denn zu meiner Kindheit gab es Krieg und auch ich wurde in den Krieg geschickt. Ich geriet in Gefangenschaft, doch heute denke ich an diese Zeiten nicht mehr so oft zurück, denn sie waren trübe. Jetzt, im Alter, erinnere ich mich gerne an die schönen Dinge, die ich erlebt habe und stelle immer wieder fest, dass diese guten Erlebnisse und Erfahrungen alle schlechten aufheben. Wir Menschen sind schnell damit, uns an schreckliche Sachen zu erinnern, dabei gibt es so viele schöne Augenblicke im Leben, die es mehr verdient haben, dass man sich an sie erinnert."

Malu schlug seine Flügel um sich herum und schaute gebannt Georg an. „Georg, was für schöne Augenblicke gab es in deinem Leben?"

Georg lächelte. „Malu, es gab sehr viele schöne Momente. Der Moment, als ich mein Gretchen kennenlernte. Ich als Kriegsversehrter und sie als meine Rettung. Sie gehörte einer großen Familie an, hatte sechs Geschwister und sogar einen Stammbaum mit blauem Blut. In den Jahren, die folgten, bekam ich mit, wie sich die sieben Äste immer mehr in den Himmel streckten und verzweigten. Dieser Baum stand auf sehr starken Wurzeln, die tief ins Erdreich langten. So wurde ich ein Teil dieses Baumes, der ganz linke Ast unten, genau oberhalb des mächtigen Stammes. Über uns reckte sich mit den Jahren eine dichte Baumkrone empor. Es war ein tolles Gefühl, ein Gefühl von Liebe und Leben, zu diesem Baum dazuzugehören."

„Wie unsere Eiche im Wald, sie ist auch etwas Besonderes, so kraftvoll und so stark. Vielleicht ist es dein Baum?", sagte Sophia.

„Dieser Baum, von dem ich spreche, ist ein Symbol, ein Zeichen einer Ahnenlinie, und doch ist es ein Baum wie in der Natur. Gretchen adoptierte mich sozusagen hinzu. Ich wurde ein Teil dieser wundervollen Familie. Ihre Kinder, die sie schon hatte, wurden für mich wie meine eigenen Kinder. Als dann unsere ersten Enkelkinder auf die Welt kamen, das war für mich ein sehr schöner Moment. Wir lebten bei ihrer Tochter im Haus, mit unseren drei Enkeltöchtern zusammen. Sie waren so verschieden und doch irgendwie gleich. Das Besondere daran, das wir zusammen lebten, waren diese Rituale und Momente, die diese Zeit jeden Tag zu etwas Besonderem machten."

„Was für Rituale gab es denn da so?", fragte Malu.

„Es war irgendwie lustig, wenn man jetzt zurückdenkt. Es gab zum Beispiel verschiedene Gerichte, die nur an bestimmten Wochentagen gegessen wurden. Jeden Sonntag gab es Braten und Klöße und Montag war Restetag. Samstag gab es oftmals Kartoffelstampf, selten an einem anderen Tag. Wenn man heute daran zurückdenkt, echt witzig. Jeden Freitag war Badetag. Die Kinder teilten sich ein Badewasser und wir Erwachsenen auch. Das kann man sich heute gar nicht mehr vorstellen. Wer würde in das Badewasser seines Vorgängers gehen?" Georg lachte herzlich und auch Sophia stimmte ein. „Ganz unbewusst hatte man früher viel gespart und mehr für die Umwelt getan. Heute kann man sich gar nicht mehr vorstellen, nur einmal die Woche zu baden. Nicht, dass ihr denkt, wir haben uns nur einmal die Woche gewaschen. Nein, die anderen Tage wurde eben mit Waschlappen und Seife sich am Waschbecken abgerubbelt. Heute springt man unter die Dusche, früher gab es das nicht. Doch es war dadurch auch etwas Besonderes und man hat sich jede Woche darauf gefreut. Sagt mir, wer freut sich heute noch auf's Baden? Naja vielleicht auf die Entspannung, doch einen Badetag gibt es nicht mehr. An diesem Tag gab es natürlich auch etwas Besonderes zum Essen. Für die Kinder gab es Pommes, die gab es nur an Freitagen, nach dem Baden, heute nicht mehr vorstellbar." Georg machte eine Pause und sah lächelnd in die Sterne. „Wisst ihr, jeder Tag, der verging, barg etwas Besonderes in sich. Die Kinder bereicherten meine Lebenszeit, genauso die Rituale und diese Familie. Es gab auch Krankheit und Leiden, doch wenn ich heute zurückdenke, erinnere ich mich gerne an die schönen Augenblicke, denn sie machen das wirkliche Leben aus. Jeden Sonntag nach dem Essen ging es in die Natur. Man nannte es Sonntagsspaziergang und dieses Ritual hatte etwas Außergewöhnliches an sich, denn die ganze Familie ging mit. Keiner blieb zuhause, alle gingen raus. Die Gemeinschaft war viel enger zusammen in der Familie als heute. Selbst das Essen wurde zu festen Zeiten eingenommen und immer alle am Tisch zusammen. Man besprach den Tag und die Erlebnisse, man redete miteinander. Es lief vielleicht mal Musik im Hintergrund, doch der Fernseher lief nicht, so wie heute. Es waren diese Momente, die diese Familie zu etwas Besonderem machte. Ich gehörte dazu und das war das schönste Geschenk, das mir das Leben machen konnte." Georg machte wieder eine Pause und dachte nach.

Malu seufzte tief. „Wow, das klingt richtig schön. Du hattest ein wirklich schönes Leben bisher."

„Malu, das Leben ist schön. Weißt du, der Mensch denkt immer zuerst an die schlimmen Dinge, die ihm widerfahren zurück, dabei überwiegen immer die schönen Augenblicke. Sie mögen sehr kurz sein, diese Momente, doch viele davon ergeben eine ganz schön lange Zeit in unserem Leben. Wir müssen sie nur zusammensetzen und uns daran erinnern. Es gab Zeiten, da dachte ich auch, mein Leben wäre nur dunkel, doch dann schaute ich genauer zurück und entdeckte diese kleinen Lichter, die zwischen den ganzen dunklen leuchteten. Ich suchte sie heraus, setzte sie zusammen und plötzlich erstrahlte mein Leben im Licht. Denn das Licht war stärker als das Dunkel. Heute sitze ich hier und erinnere mich gerne an die Zeit zurück, die gute, alte Zeit, wie es so schön heißt. **Glaubt mir, egal, wie viel Dunkel das Leben überschattet, wenn man bewusst die**

**kleinen, schönen Dinge herauspickt und zusammensetzt, ist die helle Lebensspanne viel länger**. Heute sehe ich mit Freude auf mein vergangenes Leben zurück. Denn selbst die dunklen Momente waren Augenblicke, die dazugehörten. Ohne sie würde ich das Licht nicht kennen, denn ich würde den Unterschied nicht zu schätzen wissen. Wie ihr es immer so schön sagt: Alles hat einen Gegensatz. Wenn wir nicht bereit sind, auch Negatives zu überwinden, wie sollen wir dann das Positive erkennen? Wie sollen wir herausfinden was gut ist, wenn wir das Schlechte nicht erfahren? Erfahrungen, egal welche, sie machen uns zu dem, was wir am Lebensende sind. Wie wir es beenden, ist jedem Einzelnen alleine überlassen. Man kann sich irgendwann auf seiner Lebensstraße hinsetzen und jammern und sitzen bleiben oder man denkt zurück, sucht sich die schönen Dinge und erinnert sich, schöpft Kraft daraus und geht weiter. Eine Pause einzulegen ist nicht verkehrt, doch mein Gretchen sagte immer*: Geh langsam, doch geh, bleib nicht stehen, du kannst auch im vorwärts gehen zurückschauen.* So eine Nacht wie heute ist bestens geeignet sich zu erinnern. Die Vergangenheit können wir nicht mehr ändern, doch gerade sie hat uns zu dem gemacht, was wir heute sind und wo wir heute stehen. Sie ist ein Teil von uns, immer in uns verwurzelt. Wir tragen sie bis zu unserem Lebensende mit uns herum. Die Gegenwart ist kurzlebig, denn kaum geschehen, gehört sie schon der Vergangenheit an. Die Gegenwart ist sehr wichtig und in dieser sollten wir viel Wert in unser Leben hineinlegen, denn sie gibt uns das Licht, an das wir uns schon morgen zurückerinnern werden. Lebe in der Gegenwart, schaff dir jeden Tag einen besonderen Augenblick und deine Vergangenheit wird hell erleuchtet sein.“ Georg schaute Sophia und Malu an.

„Was ist jedoch mit der Zukunft?“, fragte Malu. „Die Zukunft, was ist Zukunft? Etwas, das morgen kommt, doch davor kommt die Gegenwart. Wenn ich mir heute schon Gedanken darüber mache, was morgen passieren könnte, dann würde ich die Gegenwart nicht mit schönen Erlebnissen bestücken können, weil ich keine Zeit dazu hätte und mir nur Gedanken darüber mache, was morgen auf mich zukommt. Die Zukunft kommt, ob ich will oder nicht. Darüber mache ich mir heute noch keine Gedanken. Klar denke ich darüber nach, was ich morgen machen könnte und was anliegt, Überlegungen, wie einen schönen Spaziergang einzuplanen, ein Vogelhaus zu bauen, meine Enkelkinder anzurufen, vielleicht gehe ich auch in den Wald und genieße einfach die Ruhe. Doch ich verbringe nicht viel Zeit damit. Je älter man wird, desto kostbarer ist die Zeit. Die Tage rennen schneller dahin, obwohl die Zeit in der gleichen Geschwindigkeit läuft wie in unserer Jugend. Das Empfinden ist anders. Wenn man jung ist, denkt man immer, man hat ja noch so viel Zeit, um sein Leben anzufangen, und viel zu schnell wird man älter und plötzlich steht man vor seinen letzten Tagen und dann ist das Wichtigste, dass man sich erinnern kann, und glaubt mir, es gibt keinen, der nur Dunkel in seinem Leben hatte. Es gibt nur welche, die sich einfach keine Zeit nehmen, um das Licht zu sehen, die besonderen hellen Augenblicke, die sie erlebt, jedoch nicht wirklich wahrgenommen haben oder ihnen keinen Wert in ihren Leben gaben. Jetzt, im Alter, ist es wichtig, diese Augenblicke in seinen Erinnerungen zu finden. Es kann auch nur ein Lächeln sein, das ein kleines Kind dir geschenkt hat, oder eine Sternschnuppe, die in einer Nacht deinen Blick gefesselt hat. Wenn jeder diese aus seinem Inneren holt, wird er feststellen, dass er ein für sich sehr bedeutendes Leben erlebt hat."

Sophia dehnte die Flügel. „Also ist bei der Aussage nicht damit gemeint, dass es früher besser war?"

Georg lachte schallend auf. **„Wisst ihr, heute sind die guten, alten Zeiten, an die wir uns in einigen Jahren zurück erinnern**. Genau heute passieren sie. Wenn wir uns heute schöne Augenblicke schaffen, leuchten sie noch in Jahren in uns, und so erhellt sich unser ganzes Leben. Zünde ein Licht im Dunkeln an und die dunklen Schatten verschwinden. Das Licht ist immer stärker, seht nach oben, da funkelt der Beweis. Selbst die dunkle Nacht wird erhellt vom Licht."

Malu schaute zu den Sternen. **„Monde und Jahre vergehen, aber ein schöner Moment leuchtet das ganze Leben hindurch."**[4]

Noch eine lange Zeit saßen Malu und Sophia mit Georg auf der Veranda. Es bedurfte keiner Worte mehr. Jeder für sich erinnerte sich an schöne, vergangene Augenblicke. Wenn man die drei genau beobachtete, sah man hin und wieder ein Lächeln in deren Gesichtern und auch hin und wieder eine kleine Träne, die sich heraus mogelte. Es waren die Erinnerungen, die sich in den Gesichtern abzeichneten, und man erkannte, dass es überwiegend schöne waren. Diese Nacht mit Georg, einem alten Mann, in den Achtzigern, mit so viel Leid in jungen Jahren, Krieg, Gefangenschaft, Not, und doch überwog in seinem langen erlebten Leben das Licht. Warum? – Weil er es so für sich entschieden hatte. Jeder ist für sein Leben selbst verantwortlich, man muss nur die Augen öffnen, denn mit ge-

[4] Franz Grillparzer

schlossenen kann man nicht sehen. Nicht nur nach vorne schauen, ruhig auch mal zurück, denn da sieht man, was man alles schon erlebt, geschafft und überlebt hat. Auch mal in sein Inneres sehen, denn dort sitzt fest verankert das Licht. Wenn man dann diese Kraft und Erkenntnis nimmt, um weiterzugehen, stellt man auf einmal fest, dass das Leben, auch wenn es sehr kurz und dunkel erscheint, sehr viel Schönheit und Licht beinhaltet.

**„Ich kann nicht lange bleiben“, flüstert der Glücksmoment. „Aber ich lege dir eine Erinnerung ins Herz.“[5]**

[5] Quelle unbekannt

**Pilze sind das Netzwerk des Lebens und es gibt sie schon seit einer Millarde Jahren**

*So viel Schönheit ist in der Natur zu finden – es liegt nur im Auge des Betrachters*

## Wissen und Erkenntnis

Stille empfing Malu als er am Abend aus seiner Höhle flog. Er landete nahe am Eingang und schaute sich um. Er horchte in den Wald und hörte nichts. Keinen Ton, keinen Vogel, nicht mal das Rascheln der Blätter. Der Horizont war schon dunkel und am Himmel zogen einige Wolken am Mond und an den Sternen vorbei. Es war eine gespenstige Ruhe, die ihn umgab. Aus den Augenwinkeln nahm er wahr, wie Sophia, die Eule, herbeischwebte.

„Sophia horch mal – nix zu hören“, flüsterte er ihr zu.

„Nein, eine unheimliche Stille liegt über der Natur, lass uns nachsehen, was los ist.“

Sie flatterten zusammen in den Wald, zwischen den gigantischen Baumriesen hindurch, hoch zum großen See. Wenn jemand wusste, was hier los war, dann Orenda, die Schamanin. Schon von Weitem sahen sie ihr Lagerfeuer, das diesmal sehr heftig brannte. Es waren schon eine Menge Tiere versammelt. Beide flogen sie dazu und ließen sich auf einem Ast nieder. Man hörte nur das Knistern des Feuers. Malu schaute sich um und er war überrascht, wie viele verschiedene Tiere hier waren, sogar das Wolfsrudel war vor Ort. „Warum sind wir alle hier?“, fragte Malu.

Orenda schaute von ihrem Feuer zu Malu. „Malu, heute lassen wir die Natur verstummen für einige Zeit. Es wird unseren Lebensraum nicht vor den Gefahren schützen, doch es lässt uns einen Moment innehalten, Kraft schöpfen und derer gedenken, die von uns gegangen sind. Die ihr Leben gaben durch die verantwortungslosen Handlungen einiger Menschen. Wir wollen uns an sie erinnern, an ihren Kampf, den sie doch am Ende verloren. Seht in den Himmel, dort oben leuchten abertausende Sterne und jeder von ihnen war einmal eine Seele hier auf Erden.“ Orenda schaute in den Himmel und hob ihren Stab. Es funkelte und glitzerte und plötzlich erschien aus dem Dunst des Horizonts, geformt aus vielen Sternen, ein riesiges Pferd. Es war prächtig anzusehen und es hatte zwei leuchtende Schwingen auf dem Rücken. Die Tiere schauten gebannt auf die tolle Erscheinung. „Sei gegrüßt, Sleipnir, es ist schön, dass du dich uns zeigst. Liebe Freunde, darf ich euch Sleipnir vorstellen, er ist ein Pegasus.“

Malu breitete seine Schwingen aus und sah fasziniert zu Sleipnir empor. „Wow, bist du schön. Ich habe schon viel von dir gehört und oftmals des Nachts dein Sternbild bewundert am Himmel, doch dass ich dich je einmal sehen würde, darauf habe ich nie gehofft.“

Sleipnir neigte den Kopf und schüttelte seine lange Mähne aus. Es war, als würde Sternenstaub herunter rieseln. „Du bist Malu, der Bote hier auf Erden. Du trägst eine wichtige Rolle in dieser Welt, denn deine Aufgabe ist es, die Menschen zum Umdenken zu bringen. Den Menschen die Natur und vor allem ihnen unseren und auch ihren Lebensraum wieder näher zu bringen. Ich habe große Achtung vor dir. Du bist zwar klein, doch du hast ein großes Herz und nur das zählt.“

Malu schaute an sich herab. „Sleipnir, wie du sagst, ich bin sehr klein, wie soll ich so eine große Aufgabe bewältigen?“

„Lass sie sehen, durch dich. Lass sie jedoch nicht nur die Schönheit der Natur, sondern auch die Last der Natur sehen. Heute erscheine ich euch, denn ich gelte auch als Hoffnungsträger und Lichtbringer und wenn man das Licht sehen möchte, muss man erst das Dunkel sehen und verstehen.“ Alle Tiere verfolgten gebannt das Gespräch.

„Zeig uns das Dunkel, das auf Erden herrscht, damit wir es weitergeben können. Denn nur wer das Schwarze und die Folgen kennt, kann dem Licht entgegengehen“, sagte Sophia.

„So soll es sein“, grollte Sleipnir und schlug kräftig mit seinen Flügeln. Vor ihm öffnete sich der Himmel und darin erschien ein Nebel. Als er sich langsam lichtete, erkannte man die Brandung des Meeres, die gegen riesige Felsen schlug. Man hörte das Rauschen der Wellen, doch war es still. „Schaut genau hin, das ist das Dunkel.“ Das Bild änderte sich und man sah Wasservögel hilflos verklebt mit einer schwarzen Substanz, am Strand liegen. Die schäumende Brandung hatte einen schwarzen Schaum auf sich liegen und es lag ein beißender Geruch über dem Elend. Am Horizont des Meeres sah man die lodernden Flammen eines brennenden Schiffes, von denen eine schwarze Rauchwolke sich Richtung Strand zog. Ein Seehund kämpfte sich mit entzündeten Augen an Land, eine ölige Schicht überlagerte seinen Körper. Der Strand war übersät mit Tieren, die sich im Todeskampf wanden. Dazwischen lag eine Meeresschildkröte, fast 50 Jahre lebte sie schon. Sie trotzte allen natürlichen Gefahren und legte eine lange Strecke zurück. Nun war das Ende ihrer Reise schneller gekommen, als sie es je gedacht hatte. Sie wusste, dass sie sterben würde, denn sie hatte dieses ölige Gift, das im Meer schwamm, in ihren Körper aufgenommen. Selbst wenn ein Mensch käme und sie finden würde, wäre es zu spät für sie, denn das Gift zersetzte schon ihre Organe. Sie schloss die Augen und versetzte sich in Gedanken in den blauen Ozean, zu dem bunten Riff mit seinen vielen farbenprächtigen Fischen, das sie in jungen Jahren durchschwommen hatte. Sie wollte mit einer schönen Erinnerung und mit einem lichtdurchfluteten Augenblick ihr Leben in die Hand der Sterne legen. Als ihr letzter Atemzug entwich, fiel eine einzelne Träne in den Sand. Sie leuchtete auf und stieg glitzernd und schillernd gen Himmel. Die schwarze Wolke kam näher zum Strand. Die Tiere und Malu sahen, das mittlerweile Menschen ankamen und versuchten zu helfen. Sie sahen die Tränen in ihren Augen. Sie sahen, wie sie sich mit viel Zärtlichkeit der verklebten Tieren annahmen. Der eine oder andere Mensch fluchte laut und Tränen liefen über die Gesichter der Helfenden.

Sleipnir sah in die Ferne. „Es hätte nie passieren dürfen. Nie hätte es so weit kommen dürfen, wenn man davor an mehr Sicherheitsvorschriften gedacht hätte und vor allem an die Einhaltung dieser Vorschriften. Die Katastrophe für die Natur und deren Bewohner hat verheerende Ausmaße angenommen. Bis es sich hier wieder gefahrlos leben lässt, werden Jahrzehnte vergehen. Die Gezeiten werden das Gift weitertreiben und viele werden sinnlos ihr Leben lassen. Warum? Warum kann so etwas passieren, wo der Mensch doch technisch so weit ist, dass er das mit Leichtigkeit vermeiden könnte? Diese Fragen stellen sich sogar die Menschen selbst. Es wird Tage, wenn nicht Wochen dauern, bis der Brand auf dem Öltanker erloschen ist. In der ganzen Zeit wird das schwarze Gift Leben nehmen."

Langsam verblasste der Riss am Horizont und die Sterne überlagerten das grauenvolle Bild des Strandes. In vielen Augen schimmerten Tränen. Malu zeigte mit seinen Schwingen in den Himmel und flüsterte. **„Lasst uns ein paar Minuten schweigen, für all diejenigen, die viel zu früh in den Sternenhimmel eingezogen sind."**

Es senkte sich Ruhe über die Tiere und die Natur. Es war fast so, als würden sogar die Bäume, Blumen und das Wasser schweigen.

Orenda legte ein paar frische Kräuter ins Feuer. Es loderte Blau auf und ein frischer Duft stieg empor. Sleipnir atmete tief durch und stieg mit den Vorderbeinen empor. „Malu, willst du mehr sehen?"

Malu seufzte schwer auf. „Wenn ich die Aufgabe, die das Leben an mich gestellt hat, erfüllen möchte, dann muss ich alles wissen, egal, wie schlimm es ist. Zeig es uns."

„Du bist mutig und stark, denn es ist nicht leicht, mit einem reinen Herzen diese Qual der Natur an zu sehen." Sleipnir schlug mit seinen großen Schwingen und ein neues Loch entstand am Horizont über den See. Aus dem Dunst sah man langsam eine schöne Parklandschaft erscheinen. Viele Menschen saßen auf der Wiese und auf den Bänken und schienen das sonnige Wetter zu genießen. Kinder spielten Ball und fangen auf dem Rasen. Plötzlich änderte sich das Bild und die Dämmerung war hereingebrochen. Wo gerade noch Menschen vergnügt saßen und Kinder spielten, war eine erschreckende Wendung eingetreten. Die Tiere stöhnten entsetzt auf. „Ach herrjemine, was haben die Menschen da bloß wieder gemacht, es ist wirklich entsetzlich", sagte Saira, das Eichhörnchen, das herbei gehüpft kam.

Malu schaute ganz erschrocken das Bild an, das sich ihm bot. „Woher kommt der ganze Müll plötzlich? Es sieht aus, als hätte ein Müllwagen seinen Abkipport verwechselt."

Sleipnir atmete tief durch. „Das ist die Realität. Das ist der Mensch, der jede Art von Müllentsorgung kennt. Er ist stolz auf sein Müllsystem, Gelbe Säcke, Papiertonnen, Glascontainer, Kompostierung, Biotonnen, wöchentliche

Leerung der Hausmülltonnen, Sperrmüllabholung etc. In seinen eigenen vier Wänden hält er Ordnung und trennt Müll, lebt vorbildlich. Doch sobald er nach draußen geht, ist das bei vielen vergessen. Drinnen hui, außen pfui. Da wird alles weggeworfen, fallen gelassen, entsorgt, abgelegt. Denn es ist nicht ihr Zuhause das sie sauber halten müssen. Sie reden von ihrer Liebe zur Natur und der Tierwelt, doch lassen sie ihren Unrat verantwortungslos zurück, wenn sie diese Fleckchen besuchen. Selbst ihre eigenen Städte und Parks vermüllen sie. Sie geben dann der Stadt oder den Müllmännern die Schuld daran, diese würden nicht reinlich genug sein. Doch sind wir mal ehrlich. Der einzelne Mensch sollte gar nicht erst diesen Unrat hinterlassen. Zuhause wartet er ja auch nicht darauf, dass jemand vorbeikommt und den von ihm hingeworfenen Müll wegmacht. Nein, er wirft da nichts hin, er räumt es direkt weg. Papier in die Papiertonne, Plastik in den gelben Sack. Er bringt seinen Mülleimer zu den Leerzeiten zur Straße. Warum klappt das dann nicht auch in der Natur? Seht diesen Park. Heute war ein schöner Tag. Alle hatten den Drang einige Zeit im Grünen zu verbringen. Sie genossen das Wetter und erfreuten sich an den toll angelegten Park. Ein Fleckchen Natur, das ihnen Kraft gab. Sie picknickten, grillten, spielten. Warum? Warum können sie ihren Müll nicht mit nach Hause nehmen? Warum,geben sie ihn nicht in die dafür vorhergesehenen Mülleimer? Warum empfinden sie die Natur nicht als ein Stück ihres Zuhauses? Sie sagen, sie lieben die Natur – doch Pflege und Achtsamkeit haben etwas mit Liebe und Respekt zu tun. Also lieben sie die Natur, oder sind es nur leere Reden? Klar denken sie, ach, das kleine Papierchen, macht ja nix, das zersetzt sich schon. Doch wenn jeder so denkt und ein Papierchen wegwirft, viele ergeben einen großen Haufen. Dazu kommt noch die Gefahr für die Tiere. Ihre eigenen Tiere verletzen sich an ihrem weggeworfenen Müll, mal abgesehen von den Wildtieren. Doch sie sind nicht verantwortlich dafür, es ist der kleine Arbeiter der Müllabfuhr oder sogar ihre Politiker, denn sie haben nicht richtig gearbeitet. Jedoch ist es nicht erschreckend lächerlich, dass der einzelne Mensch alles von sich abwendet. Hier, in diesem Park, waren heute viele Menschen, alle haben sie ein nettes, sauberes Zuhause, putzen, wienern, räumen auf. Sind stolz auf ihre glänzenden Wohnungen, doch hat der eine und andere heute, ohne darüber nachzudenken, seinen Unrat einfach hier liegen lassen, in der Hoffnung und der Kenntnis das es Menschen gibt, die dafür ausgebildet sind, ihren Dreck wegzumachen. Die Gefahr, die für Tier, Natur und sogar Mensch in der Zeit entsteht, bis diese Arbeiter erscheinen, darüber denken sie nicht nach. Es war nur einfach, die Augen zu schließen, ist ja nicht ihr Zuhause, sie sind ja hier nur Besucher."

Die Tiere schauten erschreckt zu Sleipnir. Saira, das Eichhörnchen, schnaubte. „Die Menschen sehen die Gefahr nicht. Ich habe schon Freunde dadurch verloren. Vor einigen Wochen ist ein kleines Babyeichhörnchen in eine offene Milchflasche, die achtlos herumlag, geklettert und kam nicht mehr heraus. Es erstickte grauenvoll und keiner war da, der half. Auch bei der Igelfamilie gab es Verluste aufgrund von Unrat, in Form von Scherben. Ich weiß auch, dass sich neulich ein Hund, der mit seinen Herrchen spazieren war, an Scherben verletzte. Er schimpfte gar sehr darüber, doch beobachtete ich, wie er beim Weggehen das Taschentuch, das er benutzte, um das Blut vom Bein seines Hundes abzutupfen, selbst einfach fallen ließ. Das passt doch alles nicht zusammen. Selbst bei den Buchfinken und Meisen gibt es immer wieder tödliche Begebenheiten, aufgrund achtlos hingeworfenen Mülls. Vergiftungen und Verletzungen sind alltäglich. Wir Tiere, die auch in nahen Menschensiedlungen zuhause sind, sind besonders gefährdet. Jedoch erstreckt sich der Unrat nicht nur auf ihre eigene Umgebung, sondern zieht sich bis in unsere Wälder zurück.“

Malu dachte über das Gehörte nach. „Ich sehe das so. Kritisch betrachtet ist das Gefühl für Hege und Pflege, Respekt und Liebe erkaltet bei vielen Menschen. Ich denke auch, dass sie viel öfters darauf hingewiesen werden müssen. Nicht darauf, dass sie etwas falsch machen, wenn sie den Müll wegwerfen, sondern auf das, was passieren kann dadurch. Sie drucken auf ihre Zigarettenschachteln grauenvolle Bilder von entstehenden Krankheiten. Sie müssten an jedem Papierkorb, an jeder Parkanlage, an Waldwegen Bilder von Tieren, die sich verletzt haben oder, noch schlimmer, tödlich verletzt wurden durch den Müll, hinhängen. Vielleicht würde das etwas helfen, den einen oder anderen dazu zu bringen, es besser zu machen. Doch ich denke auch, schon alleine darüber zu reden, darauf hinzuweisen, wird den einen oder anderen dazu bringen, umzudenken und es besser zu machen. Es fängt immer bei dem Einzelnen an. **Die meisten warten, dass sich etwas wandelt – manch anderer packt es an und handelt**.[6] Oftmals sieht man das Grauen nicht mehr, obwohl man es direkt vor Augen hat. Der Mensch ist nicht fehlerlos, wir Tiere sind es auch nicht. Meist bedarf es nur eines kleinen Schubs in die richtige Richtung, um ein kleines Umdenken zu bewirken.“

---

[6] Quelle unbekannt

Sleipnir bewegte seine Schwingen und der Horizont schloss sich und nahm die grauenvollen Bilder mit. Zurück blieb ein sternenklarer Himmel.

Malu räusperte sich. „Sag mir, Sleipnir, gibt es noch mehr Erschreckendes, was auf dieser Welt passiert?“

„Malu, um euch alles zu erzählen und zu zeigen, bräuchte ich Jahre. Das ist auch nicht der Sinn, denn eines folgt dem anderen. Wenn man erreicht, dass Einzelne mit dem Umdenken beginnen, über die eine und andere Sache, dann hat man viel erreicht. Wir können nicht viel ändern, nur ein klitzekleines bisschen, doch das ist schon sehr viel wert. Ich werde euch noch etwas zeigen, das du selbst nicht so mitbekommst, da du zu dieser Zeit im Jahr im Winterschlaf bist.“ Sleipnir stieg empor und schwang seine Flügel, aus deren Spitzen ein Funkenregen herabregnete. Hinter ihm färbte sich der Nachthimmel glutrot und am Horizont öffnete sich wieder ein großer Riss. Die Tiere sahen gespannt hinein. Es zeigte einen glitzernden Sternenhimmel. Der Mond strahlte in seiner ganzen Pracht. Es war wunderschön. Am Firmament sah man die Silhouette einer Eule am Mond vorbeischweben. Hier und da fiel eine Sternschnuppe aus dem Himmel, es war eine stille, ruhige, besinnliche Nacht. Doch plötzlich ertönten laute Knaller. Wie Kanonenschläge erzitterte der Himmel. Ein grauenvolles Zischen war zu hören und viele bunte Funken zerplatztten im Himmel. Die Tiere stöhnten auf. Malu schaute sich fasziniert dieses Schauspiel an. „Wow, wo kommt das her, wer macht solchen Glitzerstaub?“

Dann ertönte wieder ein lauter Knall. Alle zuckten sie zusammen. Malu erschrak. „Ojemine, was sind das für Schläge? Der Glitzer ist ja schön, doch was passiert da?“

Das Bild änderte sich und der Himmel war von Rauch überzogen, der verbrannt roch. Das Bild schwenkte zum Waldrand. Man sah Rotwild, das flüchtete, aufgeschreckt von den lauten Knallern. Ein Reh blieb an einem umgefallenen Baum hängen und stürzte qualvoll zu Boden. Vögel, die zu dieser Nachtzeit normalerweise schliefen, flatterten orientierungslos am Himmel und zwischen den Bäumen. Man sah ängstliche, verstörte Tiere überall herumirren. Als es den nächsten Donnerschlag gab, fiel ein kleines Rotkehlchen vom Ast zu Boden. Sein kleines Herz hatte den Stress der Angst nicht ertragen und blieb stehen. Man sah einen kleinen Funken gen Himmel streben. Viel zu früh den Sternen entgegen. Das gestürzte Reh schrie schmerzerfüllt. Doch es war keiner da, der helfen konnte. Alle wussten, dass es bis zum morgen zu spät sein würde. Man sah einen Hund, der zitternd und ängstlich am Ende der Leine seines Herrchen kauerte. Wieder ertönten die lauten Schläge, dass sogar Malus Herz nur vom Hinhören zu flattern anfing.

Sleipnir schnaubte. „Dieses Bild zeigt den letzten Tag im Jahr. Die Menschen nennen es Silvester. Sie feiern das Vergangene und den Neubeginn. Sie schießen Raketen in die Luft und lassen laute Böller los. Diesen Brauch gibt es schon seit 1000 Jahren, doch hat sich seitdem viel geändert. Früher wurde nur an bestimmten Stellen ein Freudenfeuerwerk abgeschossen, als Begrüßung des neuen Jahres. Es war kurz, wunderschön und beliebt. Irgendwann, vor nicht vielen Jahrhunderten dann, fingen die einzelnen Menschen an, ihr eigenes Feuerwerk zu zünden. So wurde es immer mehr. Jeder Einzelne wollte selbst Raketen und Knaller in die Luft schießen. Es wurden immer mehr erfunden. Lauter, höher, länger. Es muss immer was Besseres geben, das liegt in der Natur der Menschen, sie geben sich nicht mit dem zufrieden, was sie haben, nein, es muss immer noch mehr sein. Mit den Jahren wurden die Böller immer lauter und vor allem nicht nur an Silvester, schon Tage davor wurden einzelne gezündet. Es nahm verheerende Ausmaße an. Der Feinstaub, der sich durch den Abschuss in die Luft setzt, gefährdet Natur und Tiere. Die Lautstärke und das vorzeitige Abschießen verstört die Tiere noch mehr. Sogar ihre eigenen Haustiere leiden darunter. Doch diese sind beschützt, in der Hand von Frauchen und Herrchen und trotz allem ist es ein Horror für sie jedes Jahr. Wir Wildtiere haben keinen Schutz. Für uns ist Silvester Gefahr, Flucht und Angst, oftmals endet es tödlich."

Ganze Serien von Schlägen gingen los und viele der zusehenden Tiere zuckten zusammen und hielten sich die Ohren zu. Malu rief mit rasendem Herzen; „Beende diese Ansicht, schließe den Himmel, lass uns dieses Grauen beenden!"

Eine Windböe fegte über den Horizont und das Bild mit seinen lauten Donnerschlägen verschwand. Eine unheimliche Stille trat ein. Tief durchatmend beruhigte sich Malus Herz wieder. „Auch ich habe diesen Donner schon gehört. Selbst in meiner Höhle, in der ich den Winterschlaf verbringe, bekomme ich sie mit. Doch bis jetzt wurde ich persönlich noch nicht aufgeweckt von ihnen, nur mein Körper, mein Herz spürt, dass da etwas nicht stimmt und dies anders ist als ein Gewitterschlag. Wenn ich aufwachen würde, wäre dies mein Ende, denn meine körperliche Energie wäre nicht bereit dazu und ich würde auch keine Nahrung finden, um in meinen Körper diese Energie auszugleichen. Gut, dass ich tief in einer Höhle meinen Winterschlaf halte.

Doch nicht alle von uns Winterschläfern haben so einen schalldichten Schlafplatz. Sie sind dieser Gefahr frontal ausgesetzt."

Sophia schaute zu Malu. „Weißt du, die Menschen haben viele Bräuche und Sitten. Das ist auch schön und toll und sie sollten auch daran festhalten. Doch der Mensch neigt leider dazu, den wahren, eigentlichen Sinn seines Brauches mit den Jahren zu vergessen."

„Was meinst du damit?", fragte Wisal, der Waschbär, der nach vorne kam.

Sophia schmunzelte. „Schau, es gibt zum Beispiel das Weihnachtsfest. Sie feiern damit die Geburt des Heilands, ihres Gottes Sohn. Doch bei vielen Menschen geht es nur ums Schenken und dass die Geschenke größer und immer reichlicher werden. Sie feiern Ostern, hier ist es nicht anderes, es geht ihnen in erster Linie ums Schenken. Sie feiern den Neubeginn eines Jahres mit Raketen und Knallern, mit Alkohol und oftmals viel Essen. **Wusstet ihr, das Silvester Waldbewohner bedeutet. Der Name Silvester entstammt dem lateinischen Wort silvestris, aus dem Wald stammen oder im Wald lebend, und bedeutet somit Waldbewohner, abgeleitet von silva dem lateinischen Wort für Wald. Ist das nicht eine irrwitzige Ironie?** Ihr Fest, das mittlerweile unbewusst quälende Ausmaße für Tiere und Natur angenommen hat durch die Unverantwortlichkeit einzelner Menschen, trägt den Namen derer, denen sie damit Leid zufügen. Doch keinem ist dies bekannt und keinen interessiert das. Der Mensch macht Fehler, aus Fehlern lernt man, doch um etwas besser zu machen, müsste man auch manchmal einen Schritt zurückgehen und dies ist für viele ein Zeichen der Schwäche. Dabei ist gerade das

Stärke – seinen Fehler zu korrigieren, zuzugeben, dass es falsch war und ist.“

Sleipnir schaute in die Runde der Tiere. „Sophia hat recht, sie kennen die Qual der lauten Böller für Tier, Mensch und Natur, doch solange sie diese noch herstellen und vermarkten, wird nichts geschehen. Ein kleines Umdenken des Einzelnen ist auch hier ein Gewinn. Denn viele kleine Steinchen ergeben auch hier einen großen Berg.“

Eine kleine Sternschnuppe fiel vom Himmel und Sleipnir schwang seinen großen Schweif und fing sie auf. Die kleine Sternschnuppe rutschte über seinen Rücken zwischen den großen Flügeln hindurch und fiel in die Schwingen von Malu, der diese zu einem Kelch geformt hatte und dann löste sie sich in glitzernden Staub auf. Malu lächelte. „Dies ist eine Träne des Himmels, sie werden auch Seelen genannt. Wenn sie fallen, ist etwas geboren oder gewachsen, was einer Seele bedarf und somit wird diese kleine Seele wiedergeboren. Dies ist der Kreislauf der Natur. Es gibt so viel Schrecken auf der Welt, doch immer wieder wächst ein kleines Pflänzchen empor, sucht sich seinen Weg zwischen all dem Elend hindurch und wächst der Sonne entgegen. Diese kleinen Lichter erhellen das Dunkle und machen unser Leben lebenswert. Diese kleinen schönen Augenblicke geben uns Trost in dieser lauten Welt.“

Sleipnir schwang kräftig mit den Flügeln und ein dicker Glitzernebel regnete über die Tiere zu Boden. Der Nachthimmel fing an zu leuchten, als sich der große Pegasus zurück in sein Sternbild am Himmel zog.

Orenda hob ihren Stab und reckte ihn gen Himmel. „So sei es denn, die Nacht vergeht und ein neuer Tag bricht an. Der Kreislauf des Lebens zeigt uns viel Dunkel, doch auch

Licht und Sterne – wenn wir bereit sind, für dieses Licht zu kämpfen."

Malu und Sophia flatterten auf und auch die anderen Tiere machten sich auf den Heimweg. „Weißt du, Sophia, die Welt ist erschreckend, doch wie Sleipnir es sagte, wenig wird mehr. Wenn viele Einzelne anfangen umzudenken, dann haben wir viel Erfolg erreicht."

Schaut ganz tief in die Natur, hört und fühlt, dann versteht ihr es – **Die Natur ist unser Atem des Lebens. Was den Tieren geschieht, wird auch den Menschen geschehen, denn alles ist miteinander verknüpft.**

## Tiere haben eine Seele

Trübe war der vergangene Tag und es zogen dunkle Wolken am Himmel entlang, als Malu aus seiner Höhle flog. „Guten Abend, Mirko, das sieht ja heute sehr düster aus.“

Mirko hangelte sich an seinen Faden herab. „Schon den ganzen Tag war es sehr dunkel, die Sonne ließ sich gar nicht sehen und jetzt versteckt sich der Mond auch hinter den Wolken.“

Lautlos schwebte Sophia herbei. „Guten Abend, Mirko, hast du heute Lust, mit uns zu kommen?“

„Gerne, dann kann ich wieder mal etwas anderes sehen. Wohin wollt ihr?“

Malu überlegte. „Lass uns einfach mal losfliegen.“

Mirko huschte in Sophias Gefieder und schon flogen sie unter den schwarzen Wolken hindurch in die Nacht. Es ging durch den Wald, über das Feld und an der kleinen Siedlung vorbei. Die Nacht war sehr schwarz heute, irgendwie lag so eine unheimliche Stimmung über der Natur.

„Schaut, was ist das dort vorne?“ Malu sah zwischen Bäumen große Gehege und eingezäunte Koppeln.

„Das, Malu, ist der Zoo. Warst du noch nie dort?“, fragte Sophia.

„Nein, lass uns hinfliegen. Was ist ein Zoo? Ich habe schon mal die Kinder davon reden hören, doch nie gefragt, was das ist.“

Sophia schaute Malu an. „Ein Zoo ist ein großer Tierpark, wo die verschiedensten Tiere der Welt hinter Gittern leben, um sich vom Menschen anschauen zu lassen.“

Malu strauchelte, fing sich wieder und flatterte über die ersten Gehege. Er sah verschiedene Tiere, einige kannte er und andere aus Erzählungen. Da war ein Freigehege mit

Giraffen, Zebras und Antilopen. Er flog vorbei an einer Voliere, mit vielen bunten Vögeln. Er sah ein kleineres, in dem Hasen und Meerschweinchen rumhüpften. In einem anderen wiederum erspähte er etwas, was er noch nicht gesehen hatte. „Sophia was ist das?"

„Das ist ein Löwe. Flieg nicht zu nah vorbei, die sind sehr gefährlich."

„Was ist das dort?" Malu flatterte kreuz und quer und schaute alles verwirrt an."

„Das ist der Platz von den Pinguinen. Es soll die arktische Landschaft nachstellen, damit sie sich wie zuhause fühlen."

Mirko steckte seinen Kopf aus dem Gefieder. „Schau, dort vorne, in dem großen Steingebäude, da sind die Reptilien untergebracht. Da gehört meine Gattung auch dazu. Ich war mal darin und habe es mir angeschaut. In vielen Glaskästen leben Schlangen, Leguane und Spinnen aller Art. Dann gibt es einen kleinen Teich, in dem leben sogar zwei Krokodile. Es ist grausam, auf was für einem engen Raum sie dort gehalten werden. Wir Spinnen sind zwar nicht gerade groß, doch ich mag es, viel Platz zu haben, und würde mich wirklich nicht wohlfühlen, wenn mir der Weg von einer Glaswand versperrt wäre."

Malu sah vor sich ein offenes, leeres Gehege mit komischen Bäumen, zwischen denen Reifen und Seile hingen. Er flog darauf zu und ließ sich auf einem der verkümmerten Äste nieder. Sophia landete direkt neben ihm. „Sagt mir, warum sind diese Tiere hier alle eingesperrt?"

„Es ist ein Zoo, ein zoologischer Garten, eine große parkartige Anlage zur Haltung und öffentlichen Zurschaustellung verschiedener Tierarten. Auf Grund dessen, dass die verschiedenen Tierarten in freier Wildbahn auch Feinde sind und viele sehr gefährlich, sperrt man sie artenbezogen hinter Gittern. Nur die, welche sich vertragen, dürfen sich ein Gehege teilen.“

„Aber warum sind sie hier überhaupt eingesperrt und nicht in ihrer Heimat, wo sie hingehören?“

Mirko krabbelte zwischen die beiden. „Malu, wie Sophia sagte, es ist ein Zoo, da ist das eben so. Diese Tiere, die hier leben, wurden irgendwann einmal gefangen, viele sogar hier geboren und der Sinn besteht darin, dass der Mensch sich auch die Tiere lebend ansehen kann, die es nicht hier in seinem Land gibt und die in der freien Natur gefährlich für ihn wären.“

Malu grübelte. „Mmh, ich habe gerade ein Gehege mit Meerschweinchen und Hasen überflogen und ich sah auch einen Waldkauz hinter Gittern und ein Gehege mit Wölfen. Ich bin doch nicht blöde, die gibt’s bei uns auch in freier Wildbahn und seit wann sind ein Hase und ein Meerschweinchen eine Gefahr für den Menschen? Ist er so ängstlich geworden, dass er ein Meerschweinchen nur hinter Gittern anschauen kann?“

Sophia schnaubte. „Naja, nicht jeder Mensch sieht Waldkauze, Adler, Bussarde, Eulen, Meerschweinchen, Hasen, Wölfe, Füchse, Dachse usw. in freier Wildbahn. Deswegen sperren sie von möglichst vielen Gattungen welche ein, damit sie jeder ansehen kann. Sicher gibt es hier auch ein Gehege mit Fledermäusen.“

„WAAAAAAs? Die haben sogar meine Artgenossen gefangen“, schrie Malu los. „Warum? Uns können sie doch sehen, wenn sie abends mal rausgehen. Es gibt viele von uns und teilweise leben wir sogar in deren Dachböden.“

Sophia schlug die Schwingen über sich zusammen und seufzte tief durch. „Malu, es ist ein Zoo und da ist das so.“

„Jetzt mal ehrlich, die reden über Tierschutz und artgerechte Haltung und sperren die Tiere ein. Was ist das denn für ein Widerspruch?“ Malu dappelte kopfschüttelnd auf dem Ast hin und her, immer wieder, und wedelte mit seinen Schwingen. „Das ist doch Irrsinn, das passt doch nicht zusammen.“

„Beruhige dich mal wieder, sie schützen hier auch Arten, die in der freien Wildbahn vom Aussterben bedroht sind.“

„Ja, ja, warum sind sie denn bedroht in ihrer Heimat, weil der Mensch alles rodet und abfackelt und durch die Gifte, die er in den Himmel jagt, deren Lebensraum zerstört. Als Entschädigung bauen sie ihnen einen Käfig und nennen es artgerechte Haltung und sind stolz darauf, dass sie diese Tiere hier begaffen können. Ganz ehrlich, da würde ich lieber aussterben, als dass ich meine Freiheit gegen so einen Käfig eintauschen müsste. Immer von einer Käfigwand zur anderen fliegen, das ist doch voll doof.“

Mirko blockierte den Ast, damit Malu mit seinem hin- und herlaufen aufhörte. „Malu, es gibt hier auch viele Tiere, die kennen nichts anderes als den Käfig, denn sie wurden hier geboren. In der freien Wildbahn würden sie gar nicht überleben, denn das kennen sie nicht. Ihre Instinkte sind nicht für das freie Leben trainiert.“

„Sagt mal, sehe ich das jetzt falsch? Wurden sie gefragt, ob sie hier geboren werden wollen, und vor allem, wo ist hier wieder die artgerechte Haltung, wenn sie nicht mal ihre tierischen Instinkte und ihren natürlichen Jagdtrieb erlernen und lernen, in freier Wildbahn zu überleben? Denn sie bleiben nun einmal Wildtiere, auch wenn sie eingesperrt sind.“

Mirko schaute verdutzt. „Von der Seite habe ich es noch nie betrachtet. Du hast Recht. Nehmen wir einmal den Löwen. In freier Wildbahn erjagt er seine lebende Beute. Schon in jungen Jahren wird er von seiner Mutter dazu ausgebildet. Hier bekommt er sein Fleisch hingeworfen, schon in Portionen zerkleinert. Er kann einen Sprint von bis zu 80 km/h hinlegen, doch dazu ist das Gehege hier viel zu klein. Hier kann er nur hin- und herlaufen."

Sophia drehte den Kopf. „Also die Greifvögel lassen sie hin und wieder fliegen, doch es stimmt, in freier Wildbahn fliegen wir überall hin und erlegen unsere Beute, zu jeder Zeit. Hier dürfen sie nur fliegen wenn der Mensch es möchte, und dann auch nur kurz."

Malu grummelte: „Ich habe gehört, dass Pinguine, also diese Goldschopfpinguine, ein halbes Jahr im Wasser verbringen und dabei bis zu 11.000 km zurücklegen. Wie sollen sie das denn hier in dem kleinen Becken machen? Im Kreis rum schwimmen den ganzen Tag? Das ist doch nicht artgerecht und kalt genug ist es auch nicht, die leben normalerweise auf arktischen Inseln, bis auf einige wenige."

Alle drei saßen sie auf dem Baum und schauten betrübt. Plötzlich flimmerte es vor ihnen. Es fing zu glitzern und funkeln an und ganz langsam, wie aus einem Nebel, erschien die Silhouette eines Gorillas. Malu schaute mit großen Augen das Erscheinungsbild an. „Hallo, was bist du?"

„Guten Abend, ich bin Massa, ein Menschenaffe, ein Silberrücken, ein Gorilla. Dies hier war jahrelang mein Gefängnis."

„War? Wo lebst du jetzt?"

„Ich bin schon lange vergangen. Nur meine Seele wird noch hier festgehalten. Ich werde solange hierbleiben und wachen, bis die Freiheit wieder Freiheit ist."

Malu schaute erschüttert. „Massa, bist du hier geboren?"

Massa schüttelte seinen großen Kopf. „Nein, ich wurde 1971 in der afrikanischen Wildnis geboren. Mit vier Jahren haben mich menschliche Zoowilderer meiner Familie entrissen und ich landete hier im Zoo. In einem Raum mit vier Wänden habe ich 44 Jahre gelebt. Ich habe 44 Jahre nicht den Wald gesehen, die Bäume und Blumen. Ich habe 44 Jahre nicht den Duft der Natur gerochen, das Aroma des Regens, die Reinheit des Windes, das Atmen der Landschaft. Ich habe 44 Jahre den Horizont nicht gesehen und seine unendliche Reichweite. Ich habe 44 Jahre nicht die Magie des Lebens gespürt. Ich habe 44 Jahre keine anderen Tiere gesehen, außer die Gesichter der Menschen an meinem Fenster und meiner Pfleger. Dann kam das Feuer. Ich konnte nicht flüchten, denn um mich herum waren Wände, ich war eingeschlossen. Meine Seele stieg empor, als mein Körper verbrannte. Doch ich konnte nicht aufsteigen zu den Sternen, nicht solange die Ungerechtigkeit hier noch herrscht. Mit mir gingen in dieser Nacht viele Seelen in den Himmel. Durch die Flammen sah ich die Lichter aufsteigen. Erst eines, dann wurden es immer mehr und meine Tränen liefen lautlos über mein Gesicht. Ich sah das Blitzen am Himmel, als sie ihren Platz zwischen den Sternen fanden und endlich frei waren, zwar nicht die Freiheit, die sie ersehnten, doch ihre Seelen waren frei."

Malu rieb sich eine Träne von der Wange. „Massa, warum haben dich die Menschen nicht wieder zu deiner Familie gebracht?"

„Weißt du, Malu, sie hatten endlich einen Silberrücken, ich war eine Attraktion."

„Aber du wurdest entführt, gestohlen und das wussten sie. Warum haben sie nicht versucht, dich wieder in deine Heimat und in Freiheit zu bringen?"

Sophia schüttelte den Kopf. „Malu, diese Wilderer waren sogenannte Zoo-Einkäufer. Früher war das die einzige Möglichkeit, ein wildes Tier für ihre Zoos zu bekommen. Das zeigt schon der Name, den sie ihm gaben. Massa ist nur eine Bezeichnung, jedoch ohne jegliche Bedeutung."

Massa flimmerte. „Das Schlimmste war, ich kannte die Freiheit, meine Heimat. Ich erinnerte mich daran, wie es in freier Natur war. Wie meine Eltern in unserem Rudel auf die Bäume kletterten. Ich hörte in meinen Erinnerungen die Geräusche des Waldes und roch in Gedanken sogar den Duft, der mich als Kind umgab. Ich kannte das andere, Richtige, die Freiheit. Ich saß 44 Jahre in diesem Käfig, bekam mein Futter hingeschmissen und wurde von zahlreichen Menschen angesehen. Ich war ein lebendiges Bild, doch ich lebte nicht. In mir war ich schon vor 44 Jahren gestorben. In einer ihrer Zeitungen war ein Abschiedswort für mich geschrieben. Es stand da: *Haben Gorillas eine Seele? Können sich Gorillas erinnern? Gibt es eine Sehnsucht in ihren Erinnerungen nach Wälder und Heimat? Wenn in deiner wortlosen Sprache und in deinen Augen Tränen waren, dann haben wir das nicht gesehen. (F.J.Wagner)* Ich kann da nur den Kopf schütteln. Klar haben wir eine Seele, wie alle Tiere, und wir sind nicht dumm, auch wir erinnern uns und haben Sehnsucht. Was denken die Menschen, wir sind Lebewesen, genau wie sie."

Sophia schaute in den Himmel. „Schaut, die Wolken verziehen sich und die Sterne kommen hervor."

Massa lächelte. „Ja, es sind die gefallenen Seelen, die mir Licht schicken. Irgendwann werde ich bei ihnen sein."

Malu zeigte mit seinen Flügel einen Halbkreis. „Das hier ist verkehrt. Seit 1837 gibt es Tierschutz, seit 1933 das

Tierschutzgesetz und trotz allem gibt es Zoos, wo Tiere eingesperrt werden."

„Der Mensch ist der Meinung, damit rettet er die Tiere vor dem Aussterben. Mittlerweile gibt es viele, die sich daran gemacht haben, unseren Lebensraum zu schützen. Sie haben begriffen, dass sie uns nur schützen können, wenn sie unsere Heimat erhalten. Es ist keine artgerechte Haltung, uns einzusperren, damit wir uns weiter vermehren. Denn wir können nicht mehr zurück. Eingesperrte Tiere oder solche, die in Gefangenschaft geboren werden, werden nie in ihre ursprüngliche Heimat zurück können. Sie bleiben ein Leben lang Gefangene, denn sie werden nie mehr zurechtkommen, und die hier Geborenen werden nie lernen, in freier Wildbahn zu überleben. Wenn sie wenigstens uns, die wir eingefangen wurden, hier unser Lebensende bestreiten lassen würden … Der große Fehler ist, dass sie uns züchten, sich freuen über Nachwuchs, der nie die Chance haben wird, in ihrem natürlichen Lebensraum zu leben, die Magie der Freiheit zu spüren. Der Tierschutz macht es heutzutage nicht mehr leicht, dass sie Nachschub für ihre Zoos bekommen. Ihre Gedanken gehen nicht darum, dass sie uns retten wollen, sondern sie wollen uns zur Schau stellen, und haben Angst, dass ihre Gehege irgendwann leer sind."

Malu seufzte tief auf. „Vor allem, wenn wenigstens nicht noch so viele Tiere hier wären, die sich auf jeden Fall wieder in der freien Natur zurechtfinden würden. Die Hasen und Greifvögel, die Füchse, Dachse, Waschbären und sogar die Steppentiere würden sich wieder einfinden. Zumindest die, welche nicht hier geboren sind. Warum müssen sie hier Eichhörnchen in Gehegen halten, wenn man sie in freier Natur beobachten kann, oder Fledermäuse und Rotwild? Ich sehe es ein, einen Löwen kann man wahrscheinlich nicht mehr frei lassen, doch so manch eine Tierart gehört wirklich in die Freiheit. Wir hatten ein tolles Erlebnis mit einem Zirkus. Weil dieser Zirkus die Tiere abschaffte, kam keiner mehr zum Zuschauen. Wir Tiere haben eine Naturshow veranstaltet, um die Menschen zum Umdenken zu bringen. Doch dies hier ist eine Größenordnung, da wird so etwas nicht möglich sein."

Mirko räusperte sich. Er hatte die ganze Zeit dem Gespräch gelauscht. „Sag mir, Massa, gibt es denn keine Sicherheitsvorkehrungen? Die Menschen haben doch für alles und jeden eine Vorschrift."

„Ja, das haben sie. Sie haben für jedes Gehege und jede Tierart eine Sicherheit, um den Menschen vor den Tieren zu schützen, der diese bestaunen will. Elektrozäune, Abgrenzungen, Trennwände, elektrische Zugänge und in ihren Lokalen Sprinkleranlagen … Doch um uns Tiere zu schützen gegen Gefahren wie zum Beispiel dem Feuer, Blitzschlag, Unwetter … nein, das haben sie nicht. Selbst retten können wir uns hier nicht, wir sind voll auf den Menschen angewiesen."

Sophia zitierte. **„Je hilfloser ein Lebewesen ist, desto größer ist sein Anrecht auf menschlichen Schutz vor menschlicher Grausamkeit.** Mahatma Gandhi hat das einmal gesagt. Da steckt viel Wahrheit drin. Das sollten sich viele an die Wand hängen."

„Es ist traurig, dies hier alles", sagte Massa. „Dass diese Tiere irgendwann gefangen und eingesperrt wurden. Dass der Mensch sich um sie kümmert und sie füttert, hegt und pflegt, dass es Menschen gibt, die mit ihnen reden und sich ihner annehmen, das ist super. Doch sollte man nie in Gedanken vergessen, dass diese Tiere hier nicht freiwillig

Einzug gehalten haben. Man sollte auf lange Sicht anfangen, umzudenken. Denn die Tierarten zu schützen und in einen Zoo einsperren und zu vermehren reicht nicht. Am wichtigsten finde ich, dass der Lebensraum geschützt werden muss, und wenn sie hier Tiere einsperren, dann müssen sie sie auch richtig schützen, denn hinter Gittern ist jedes Tier hilflos und auf den Menschen angewiesen.“ Massa schaute die drei Freunde an. **„Dass das Wort Tierschutz einmal erfunden werden musste, ist wohl eine der blamabelsten Angelegenheiten der menschlichen Gesellschaft.“**[7]

„Da hast du Recht“, seufzte Malu. „Heute Nacht habe ich sehr viel gesehen und ich muss das erst einmal verarbeiten. Weißt du, ich habe schon von vielen Menschen gehört, wie sie sich auf einen Tag im Zoo freuten. Doch ich glaube nicht, dass sich viele Gedanken darüber machen, wie und warum die einzelnen Tiere dort hin gekommen sind. Sie erfreuen sich daran, sie anzusehen. Lassen sich einreden, dass hier artgerechte Haltung stattfindet. Ich denke, dass kein Zoobesucher je darüber nachgedacht hat, ob die Pinguine wirklich in der Antarktis nur einen so kleinen Raum zur Verfügung haben und ob das Bassin groß genug für sie ist. Dass der Eisbär glücklich ist, mit den künstlichen Eisbergen und der Beckenpfütze. Dass die Menschenaffen und Primaten den Spielplatz mit Reifen und Seilen dem Urwald vorziehen. Dass der Löwe gerne auf künstlichen Felsen liegt und nicht die weitläufige, afrikanische Steppe vermisst. Dass die Tiere der Lüfte gerne ein Gitter über sich haben und nicht die Sehnsucht haben nach Freiheit, um den Horizont zu erreichen. Dass eine Antilope, die ein Zug- und Herdentier ist, gerne mal weiterlaufen würde als bis

[7] Theodor Heuss

zum Zaun. Dass ein Krokodil mehr Spaß daran hätte, durch den Nil zu schwimmen als im Kreis um die kleine Teichinsel. Dass das Kamel lieber in der Wüste wäre als hier im Zoo. Sogar eine kleine Fledermaus wäre lieber in Freiheit als hier in diesen kleinen Holzhütten, die sie Fledermaushäuser nennen. Dass sogar die tierischen kleinsten Lebewesen, die sie fasziniert beobachten, eine Heimat in der freien Natur mehr zu schätzen wüssten."

„Malu, du hast vollkommen recht. Viele Menschen sah ich vor meinem Käfig stehen. Alle bestaunten mich, fanden mich cool, mega, super. Doch keiner sah meine Tränen, die meine Seele weinte, die Tränen der Sehnsucht nach Freiheit, die Trauer nach meiner Heimat, den Duft des Regenwaldes noch einmal zu riechen. Sie sahen nicht den Schmerz des Verlustes meiner Familie. Sie nahmen sich keine Zeit dafür, meine Tränen wahrzunehmen, denn dann hätten sie sich eingestehen müssen, dass ich Gefühle und Empfinden spüre und dass sie etwas falsch gemacht haben. Sie sahen auch nicht meine Sehnsucht nach der Magie des Lebens." Massa fing an zu flimmern an und in einem Glitzerregen verschwand er. Es war plötzlich sehr dunkel, doch am Himmel zeigten sich die Sterne. Die drei Freunde schauten hinauf. Keiner sagte ein Wort, sie schwiegen gemeinsam. Dann flatterten sie los, schweigend. Jeder suchte stumm seinen Schlafplatz auf und jeder hatte Tränen in den Augen. Es bedurfte keiner Worte mehr.

**Ein Mensch betrachtete all die in Käfigen sitzenden Tiere im Zoo, im Zirkus und im Tierheim. Er sah in ihren Augen Liebe und Hoffnung, Angst und Schrecken, Trauer und Verrat. Der Mensch war voller Zorn und fragte Gott. „Gott, das ist schrecklich, warum tust du nicht etwas dagegen?"**

**Gott war einen Moment lang still und dann sprach er sanft. „Ich habe etwas getan, ich habe dich geschaffen."** [8]

[8] Quelle Unbekannt

## Stimmen des Lichts

Stockfinster war es in der Höhle, als Malu seine Schwingen streckte und erwachte. Er öffnete die Augen und sah sich um. Er, als Tier der Nacht, konnte auch im Dunkeln sehen. Leicht hin und her baumelnd bestaunte er, wie so oft, seine Höhle, in der er sich jeden Morgen zum Schlafen bettete. Dort hinten in der Ecke war etwas anders als sonst. Er stutzte und schaute genauer hin. Wie ein kleiner Funken sah es aus. Hatte sich ein Stern verirrt? Leise rief er. „Mirkooo, schau mal, Mirkooo."

Es dauerte nicht lange und Mirko krabbelte herbei. „Was ist los?" fragte er flüsternd.

„Schau, dort hinten, in der Felsnische, da blitzt etwas auf."

Mirko schaute in die Richtung, in die Malu zeigte. „Ich sehe es, was das wohl ist?"

Malu rief ganz leise: „Hallo, wer oder was bist du?"

Es blieb still, doch es flackerte etwas heftiger. Plötzlich sauste das Flackern auf Malu zu und bremste kurz vor ihm ab. „Huch, hast du mich jetzt erschreckt", sagte Malu.

Der kleine Lichtpunkt leuchtete etwas stärker und eine weiche Stimme erklang. „Hallo, ich bin Raja, ich bin das Licht der Hoffnung."

Malu und Mirko schauten mit großen Augen Raja an. „Was machst du in unserer Höhle und was heißt das, das Licht der Hoffnung?"

Raja blitzte wieder. „Ich bin das kleine Licht, das wachsen und gedeihen lässt, das Leben bringt. Es ist eine große Aufgabe, die ich habe, manchmal zu groß für mich. So ziehe ich mich zurück, um Kraft zu schöpfen. Wisst ihr, ich brauche den Glauben der Menschen an mich, um zu leuchten. Doch dieser Glaube ist in vielen verloren und somit leuchte ich nur schwach und blitze mehr. Durch den Glauben der Menschen an die Hoffnung lädt sich mein Licht auf, damit ich erstrahlen kann."

„Du bist das kleine Licht, dich sollte niemand vergessen, denn du bist so wichtig für alles, für die Natur, die Tiere, die Menschen und für die ganze Welt", wisperte Malu.

Mirko überlegte: „Kommt, wir gehen nach draußen. Die Nacht ist schon hereingebrochen, lasst uns eine schöne Stelle suchen, wo wir uns unterhalten können."

Gefolgt von dem kleinen Lichtpunkt flatterte Malu aus der Höhle und ließ sich auf den Bergvorsprung nieder. Er konnte hier das ganze Tal überblicken. Der Mond schien helle und viele Sterne erstrahlten am Himmel. Es war eine sehr schöne Nacht. „Sag mir, was machst du so?"

Man hörte ein zartes Kichern. „Ach, ich mache ganz tolle Sachen, eigentlich. Also, zum Beispiel lasse ich Blumen wachsen."

Mirko huschte herbei und hörte die letzten Worte. „Wow, wie machst du das?"

„Ganz einfach, ich husche über den Boden und da, wo mein Licht die Erde berührt, wachen die Keimlinge und Samen, die darin verborgen sind, auf. Mein Licht gibt ihnen die Kraft zu wachsen. Doch mein Licht ernährt sich von der Hoffnung und wenn diese verloren geht, erlischt auch mein Licht."

Malu legte den Kopf schief. „Warum geht die Hoffnung verloren, das verstehe ich nicht."

Raja seufzte auf. „Die Menschen verlieren ihren Glauben an die Zukunft und an die kleinen Augenblicke. Es passiert so viel Schreckliches auf der Welt, sodass viele nicht mehr daran glauben, dass es doch noch Hoffnung gibt."

Lautlos schwirrte Sophia herbei. „Guten Abend, oh, das kleine Licht, dich habe ich schon lange nicht mehr gesehen. Was hat dich hierher verschlagen und warum leuchtest du so dunkel?“ Sophia setzte sich neben Malu auf das Plateau.

Raja funkelte. „Ach, die Sophia, stimmt, wir haben uns schon lange nicht mehr gesehen. Doch ich habe auch sehr wenig Energie, um mich zu zeigen. Es ist einfach traurig, dass so viel Schlimmes geschieht und die Menschen dazu tendieren, die Hoffnung aufzugeben.“

Sophia lächelte. „Noch ist es nicht zu spät. Ja, es passiert viel Schlimmes auf der Welt. Der Klimawandel hat uns alle im Griff. Die ganze Natur ist in Aufruhr und die Menschen haben Angst. Erst brennt der Regenwald, unsere Bibliothek des Lebens und nun steht Australien in Flammen. Das Leid der Menschen und Tiere ist groß und die Verluste sind grauenvoll. Die Dürre des letzten Sommers hat vielen Pflanzen und Tieren das Leben gekostet. Doch trotz allem wächst immer wieder etwas, dank dir. Solange sich noch ein Blümchen aus der Erde erhebt, ist die Hoffnung nicht verloren.“

Malu überlegte. „Sag mal, Raja, so, wie ich das verstehe, müssen die Menschen wieder mehr Zuversicht in ihr Leben legen. Ich weiß, es gibt so viele Schwarzmaler unter ihnen. Diese nehmen dir das Licht, doch gibt es auch sehr viele, die noch die kleinen Dinge hegen und pflegen und auch daran glauben, dass es weitergeht. Es hört sich alles immer schlimm an, was es ja auch ist. Der Mensch ist ein komisches Tier. Er sieht das Schreckliche und verzweifelt gleich. Man muss ihn zu den kleinen wunderbaren Augenblicken hin schupsen, dass er sie sieht.“

Raja schnaubte. „Weißt du, ich versuche es ja, ihn dahin zu schupsen, jedoch ist das sehr schwer geworden. Neulich bin ich zu einer Familie geflogen. Sie haben ihren Hund verloren, der jahrelang zur Familie gehörte. Es war total grauenvoll, das Leid zu sehen. Ich flüsterte ihnen zu, dass sie doch glücklich sein sollten, dass er sie so lange treu begleitet hat im Leben und dass er seinen Platz im Hundehimmel nun verdient hat. Es half nichts. Erst als ich schon selbst fast die Hoffnung aufgegeben hatte, sagte der kleine Sohn der Familie. *Lasst uns doch einen kleinen Hund aus dem Tierheim retten*. Das war sehr klug, denn nun hatten sie wieder Hoffnung auf einen treuen Begleiter."

Mirko lächelte. „Ich hatte ein schönes Erlebnis mit der Hoffnung. Es war letzen Sommer, alles war sehr trocken und ich sah, wie eine Frau in ihrem Garten stand und die trostlose Wüstenlandschaft anschaute. Ihr liefen die Tränen aus den Augen, als sie sah, dass ihre schönen Blumen alle vertrocknet waren. Sie nahm eine kleine Gießkanne und gab jedem ihrer Pflänzchen einen Tropfen Wasser. Sie redete mit ihnen. Das wunderte mich und ich krabbelte zu ihr. Sie schaute mich an, ließ mich auf ihre Hand krabbeln und gab mir einen Tropfen Wasser. Es erstaunte mich, dass sie das tat. Ich, eine kleine Spinne, fühlte mich in diesem Moment wichtig und sie gab mir das Gefühl, wichtig zu sein. Dann sprach sie. *Na du kleiner Kerl, hast du auch Durst? Schau meine schönen Blumen an, dieses Jahr haben sie keine Kraft zu erblühen, doch ich halte ihre Wurzeln am Leben, damit sie im nächsten Jahr wieder neue Schönheit bringen können. Wenn ich eine von ihnen retten kann, habe ich einen großen Erfolg erzielt*. Sie setzte mich auf einen geschützten Busch und ich schaute ihr noch lange zu, wie sie tröpfchenweise ihre Blumen ernährte. Es zeigte mir, dass sie die Hoffnung nicht aufgab. Sie glaubte fest daran, diese Pflänzchen retten zu können."

Raja lächelte. „Ich kenne diese Frau und sie gab mir so viel Licht, dass ich genug Energie hatte, um ihren Blumen Leben einzuhauchen. Ja, es gibt trotz allem noch viele Menschen, die daran glauben, dass es weitergeht. Solange noch ein Mensch Hoffnung hat, werde ich weiterleuchten."

Malu schaute verschmitzt. „Nee, Raja, dein Licht wird immer leuchten, denn wir Tiere haben immer Hoffnung und wir glauben an die Natur und ihre Magie. Wir geben dir auch Nahrung für dein Licht, um die schönen Dinge im Leben zu sehen und sich daran zu erfreuen. Sich in schweren Zeiten ein kleines Licht zu suchen. Einen Augenblick leiden und Anteil nehmen ist nie verkehrt, doch dann wieder Luft holen und etwas bewegen, sei es nur, um hinaus zu gehen und einem kleinen Pflänzchen, das vertrocknet ist, einen Tropfen Wasser geben, damit es die Chance bekommt zu überleben."

„Ich sehe das auch so", sagte Sophia lächelnd. „Viel Wald ist verbrannt auf der Welt und doch wird dort das eine oder andere Pflänzchen sich wieder aus der Erde regen. Denkt an unserem Fichtenwald. Als er starb, war alles trostlos und doch dauerte es nicht lange und das erste Grün suchte sich seinen Weg zwischen den abgestorbenen Bäumen hindurch. Die Natur hat eine gute Heilkraft. Auch wenn sie obenauf brennt, im Boden liegen geschützt die Samen der Pflanzen, die sich bald wieder einen Weg nach oben bahnen. Sicher wird es Jahrzehnte dauern, bis wieder das alte Leben einkehrt, doch solange noch ein kleines Hälmchen seinen Weg findet, gibt es Hoffnung."

Malu sah in die Ferne. „Was ist mit den Tieren? So viele haben ihr Leben verloren durch das Feuer, die Dürre, die menschlichen Schadstoffe."

Raja sah Malu an. „Viele Tiere wurden zu früh in den Himmel gerufen durch diese Naturkatastrophen, doch schon viel früher passierte dies immer wieder. Viele Tiere sind vom Aussterben bedroht und doch gibt es noch genug Arten auf der Welt, die sich vermehren. Vor Jahrmillionen starben die Dinosaurier aus und doch vermisst sie keiner heutzutage. Alle finden sie faszinierend, doch stellt euch mal vor, es würde jetzt hier so ein Tyrannosaurus Rex vorbeimarschieren. Die Menschen wären total überfordert und würden sie jagen und ausrotten, denn sie bringen Gefahr mit sich."

Malu lachte schallend. „Jo, das wäre cool. So ein Mammut, das durch den Wald stapft, oder ein Säbelzahntiger der durchs Dorf schleicht. Die Menschen wären total panisch. Wenn man bedenkt, dass sie sogar den Wolf am liebsten ausrotten würden. Der ist gegenüber diesen Urzeitgattungen ein Mäuschen. Doch es stimmt, selbst nach der Eiszeit entstand wieder neues Leben und die Natur und Tierwelt hat sich regeneriert. Somit hat uns die Natur schon seit Anbeginn der Erde gezeigt, dass es immer Hoffnung auf neues Leben gibt."

Sophia grinste. „So kann man es natürlich auch sehen. Es ist traurig, dass so viele Lebewesen ihr Leben lassen müssen aufgrund solcher Katastrophen, doch das ist der Wandel der Zeit. Wer weiß, vielleicht entstehen auch neue Gattungen dadurch. Eine Art stirbt vielleicht aus, vor allem die kleinen Tiere wie Insekten und Reptilien haben wenig Chancen, so einem Feuer zu entkommen. Doch es gibt auch viele, die sich retten können und von den Menschen gerettet werden. Naturkatastrophen haben schon immer viele Opfer gefordert. Wichtig ist, dass man die Hoffnung in die Überlebenden setzt und sich um sie kümmert. Schau dich an, Raja, wie hell du leuchtest. Ich denke mir, dein Problem war nicht, dass keiner mehr an dich glaubt und viele die Hoffnung verloren hatten. Ich denke, du hast dir selbst nicht mehr vertraut."

Raja sah an sich herab. Sie erstrahlte in voller Pracht. Der Lichtpunkt war von einem hellen Leuchten umgeben. „Wow, ich spüre die Kraft. Da ist sie wieder. Nun werde ich über die Erde flitzen und viele kleine Hoffnungslichter entzünden."

Raja flog hoch. Ein kleiner leuchtender Lichtpunkt schwirrte um die drei Freunde. Er flog Loopings und huschte zwischen den Sternen hindurch, flatterte über den Boden des Tales und verschwand am Firmament.

Malu starrte Raja hinterher. „Also, das Hoffnungslicht haben wir nun gerettet. Selbst dieses brauchte einmal ein kleines Umdenken, um seinen Weg wiederzufinden. Naja, ob das Beispiel mit den Dinos gerade richtig war, weiß ich auch nicht, doch immerhin hat es funktioniert."

Mirko lachte auf. „Es gibt viele Situationen, die uns immer wieder zeigen, dass die Hoffnung noch da ist. Ob es jetzt die Evolution oder die alte Frau mit ihrer Gießkanne ist, das ist total egal. Wichtig ist nur, dass man sie nie aus den Augen verliert und immer fest an sie glaubt."

„Ja da hast du recht", meinte Malu. „Viele sagen immer, sie haben die Hoffnung aufgegeben und im nächsten Augenblick befinden sie sich mitten im Licht. Sie müssen nur mit offenen Augen durchs Leben gehen und sich Zeit nehmen für die kleinen Dinge, die das Herz erwärmt.

***„Das ist unmöglich, sagt die Angst. Zu viel Risiko, sagt die Erfahrung. Macht keinen Sinn, sagt der Zweifel. Versuchs, sagt das Herz der Hoffnung“***[9], sagte Sophia. Der Mond erstrahlte hell am Himmel und leuchtete auf die drei Freunde herab. Viele kleine Sterne schimmerten um sie herum und erleuchteten die Nacht. Sie sahen alle wie kleine Hoffnungslichter aus.

[9] Quelle unbekannt

*„Schau dir die Natur an und du wirst alles verstehen.“*

*„Wenn die Biene einmal von der Erde verschwindet, hat der Mensch nur noch vier Jahre zu leben. Keine Bienen mehr, keine Bestäubung mehr, keine Pflanzen mehr, keine Tiere mehr, kein Mensch mehr.“*
*Albert Einstein*

## Feuertiere

Im vollen Einklang mit der Thermik der Winde, weit oben am Horizont, sah man ihn seine Kreise ziehen. Das Abendrot ließ die Silhouette des Adlers königlich erscheinen. Von den letzten Sonnenstrahlen beleuchtet schwebte er ins Tal, direkt auf Malus Höhle zu. Majestätisch landete er auf dem Felsplateau, faltete seine riesigen Schwingen ein und sah sich um. „Hallo, ist hier jemand!“, rief er laut.

Mirko seilte sich neben dem Adler ab. „Hallo, ich bin Mirko. Du bist ja ein prachtvoller Kerl, was machst du hier?“

„Ich bin Inaki, ein Keilschwanzadler oder auch Keilschwanzweihe genannt. Ich suche einen Kerl, der Malu heißt. Man sagte mir, ich würde ihn hier finden.“

Mirko lachte schallend los. „Ja, den Kerl findest du hier. Warte einen Moment, er wird gleich aufwachen und sich dann zu uns gesellen.“

Inaki schaute Mirko perplex an. „Warum lachst du? Ist es bei euch üblich dass man eine große Persönlichkeit auslacht?“

„Große Persönlichkeit? Wen meinst du damit?“

„Man hat mir gesagt, hier in diesen Wäldern lebt Malu, der sich für die Tiere und die Natur einsetzt, sich allen annimmt und vor allem, der das Licht in die Welt trägt. Wer so eine Aufgabe zu bewältigen hat, muss eine große Persönlichkeit haben.“

Mirko schmunzelte. „Naja, so hat es noch keiner ausgedrückt.“

Es schwirrte etwas aus der Höhle. Klein, flink und schnell. Inaki erschrak im ersten Moment etwas. „Huch was ist das, gibt es hier Fledermäuse?“

Mirko lachte Tränen. „Ja, hier gibt's ne Fledermaus. Jedoch nur eine, also keine Panik."

Geschwind fing Malu sich ein paar Falter und flog zurück zum Plateau. Er hatte gesehen, dass Besuch angekommen war. Etwas oberhalb befand sich eine Felsritze, in der er landete. „Guten Abend, haben wir Besuch?"

Inaki drehte seinen gewaltigen Adlerkopf zu Malu und sah ihn an. „Ich bin Inaki und ich warte auf die große Persönlichkeit, die hier leben soll."

Malu verzog das Gesicht. „Wer soll das sein? Mir ist keiner bekannt. Sag mal, Mirko, warum kicherst du so?"

Mirko bekam sich gar nicht mehr ein. Inaki schüttelte den Kopf. „Ich glaube, die Spinne spinnt hier, er lacht schon die ganze Zeit. Ich verstehe auch nicht, warum. Irgendwie respektlos gegenüber der großen Persönlichkeit."

Malu verdrehte die Augen. „Wenn ich nur wüsste, wen du mit großer Persönlichkeit meinen könntest, dann würde ich dir helfen, ihn zu finden."

„Man hat mir gesagt, er wohne hier und sein Name wäre Malu."

„Wer hat dir das gesagt?"

„Na, alle die ich gefragt habe."

Jetzt lachte sogar Malu schallend. „Inaki, also, ich bin Malu. Doch eine große Persönlichkeit bin ich nicht. Ich bin nur eine kleine Fledermaus."

Inaki schaute ganz erstaunt. „Du … du bist Malu? Du bist derjenige, der das Licht sucht? Du bist derjenige, der Hoffnung bringt? Du bist derjenige, der ein Umdenken anregen soll. Du, die kleine Fledermaus?" Ganz entsetzt schaute Inaki Malu an. Dieser verdrehte die Augen. „Naja, so wie es aussieht, bin ich das. Ich denke jedoch, dass es nicht auf die Größe ankommt, wenn man Großes erreichen möchte. Wichtig ist die Idee und die Umsetzung."

„Ok, da hast du wohl recht. Es hat mich nur schon etwas erschreckt, dass du eine Fledermaus bist. Doch egal, ich habe eine weite Reise zu dir hinter mir. Denn ich komme als Botschafter. Mir ist die Aufgabe gegeben, Informationen der Hoffnung zu verbreiten. Ich traf das kleine Licht und es sagte mir, ich soll zu Malu, er könne mir helfen, Hoffnung zu finden, um diese Geschichten in die Welt zu tragen."

„Geschichten? Dann lass uns zu Zacharias fliegen. Er kennt immer Geschichten und kann uns helfen." Malu schaute Mirko an. „Willst du mal auf einem Adler fliegen?"

Mirko lachte. „Na klar, das bin ich noch nie. Also, Inaki, darf ich bei dir mitfliegen?"

„Klar, krabble zwischen meine Schwingen, ich nehm dich mit."

Malu flatterte los und der große Adler erhob sich hinter ihm in die Lüfte. Sie flogen durch den Wald an der großen Eiche vorbei, dort schloss sich ihnen Sophia, die Eule, und Imani, der Bussard, an.

„Guten Abend, wir sind auf dem Weg zu Zacharias. Das ist Inaki", stellte Malu den Adler vor. „Er sucht Geschichten, die Hoffnung bringen, und wer kann besser Geschichten erzählen als Zacharias?"

Sophia nickte. „Das stimmt, er ist eine echte Fundgrube für Geschichten."

Es dauerte nicht lange und sie erreichten die Hütte von Zacharias. Schon von Weitem sahen sie seine Freundin Lynn und ihn auf der Veranda sitzen. Es waren wie immer auch noch andere Tiere zu Gast. Wisal, der Waschbär, lag eingerollt auf Zacharias‘ Beinen. Hope, die Füchsin, lag vor ihnen und die Kinder spielten. Es waren auch Luam, der Dachs, und Saira, das Eichhörnchen, vor Ort.

„Halli hallo, wir bringen einen Besucher mit!“, rief Malu schon von weitem. Sie landeten alle auf dem Verandageländer. Mirko krabbelte geschwind aus dem Gefieder von Inaki. „Ich bin auch mitgekommen. Das war ein toller Flug. Ich bin das erste Mal mit einem Adler mitgeflogen. Dankeschön, Inaki, es war ein super Erlebnis.“

Lynn schmunzelte. „Guten Abend, einen schönen Kerl habt ihr da mitgebracht. Sei gegrüßt, Inaki.“

„Also, wir brauchen eine Geschichte von Zacharias“, sagte Malu. „Inaki soll Hoffnung verbreiten und dazu braucht er Informationen.“

Zacharias schaute die Tiere an. „Ich kenne euch, doch wer bist du nochmal?“

Malu verdrehte die Augen. „Also, ich weiß nie, ob es an seiner Krankheit liegt, dass er mich vergessen hat, oder ob er mich foppen will.“

Lynn grinste. „Ja, bei Zacharias ist es schwer, das zu erkennen. Seit er Alzheimer hat, weiß man nie, wie er es meint.“ Lynn nahm Zacharias‘ Hand in ihre. „Zacharias, das sind deine Freunde und das ist Malu.“

„Klar weiß ich, wer Malu ist. Meinst du, ich vergesse ihn?“

Alle lachten sie los. Sophia überlegte. „Inaki, erzähle uns erst mal etwas, damit wir wissen, was du für eine Geschichte brauchst.“

Inaki räusperte sich. „Also, es passiert im Augenblick sehr viel auf der Welt. Letztes Jahr brannte der Regenwald und nun brennt Australien. Die Angst von vielen, wenn sie die entsetzlichen Berichte und Bilder sehen, überlagert die

Hoffnung und das Licht. Der Klimawandel hat uns voll im Griff. So viele Tiere sterben und auch die Menschen sind extrem betroffen."

Imani, der Bussard, schüttelte den Kopf. „**Ein ganzes Meer voll Wasser kann ein Schiff nicht zum Sinken bringen, es sei denn, es kommt in das Schiff hinein. Ähnlich kann die Negativität der Welt dich nicht kaputt machen, es sei denn, du lässt sie in dich hinein**.[10] Leider nehmen sich viele Menschen mehr Negatives zu Herzen als Positives."

„Ja das ist leider so und deshalb möchte ich etwas Hoffnung in die Welt tragen."

Mirko überlegte. „Tja, ich denke, dann muss uns Zacharias wieder einmal von Oz erzählen. Er war schon in diesem wunderbaren Land und er trägt diese Erlebnisse in seinem Herzen. Ich weiß auch von einer Erinnerung, die er vor langer Zeit mit uns teilte. Er sah auch ein Stück Buschland, das Opfer von Flammen geworden war."

Zacharias schaute auf. „Oz, mein Seelenland, soll ich euch von Oz erzählen? Von den riesigen Eukalyptusbäumen und dem Duft des Waldes?"

Die Tiere schauten erstaunt. Wisal hopste auf. „Wow, daran erinnert er sich sofort. Egal, wie viel er vergessen hat, doch an seine Reise nach Australien erinnert er sich, seit wir ihm geholfen haben, gleich."

Malu gluckste. „Also erzähle uns doch mal von deinem Ausflug in das Buschland und wie ihr durch die verbrannte Ebene gefahren seid."

Zacharias schloss die Augen und begann zu erzählen. „Wir waren schon eine ganze Zeit unterwegs, als vor uns eine traurige Landschaft erschien. Es fehlte das saftige

[10] Toi Nasu

Grün und der Duft der Wildnis wurde von dem Duft der Trauer überlagert. Ich war entsetzt, als ich dies sah, und fragte meinen Onkel. Wir stiegen aus und wanderten zwischen nackten, grauen Baumstämmen hindurch. Komischerweise standen die Stämme der großen Eukalyptusbäume noch, obwohl man sah, dass ein Feuer hier gewütet hatte. Mein Onkel sagte zu mir. *Schau, die Eukalyptusbäume haben eine feuerleitende Oberfläche. Das schützt sie. Denn es verbrennt nur die schuppige Borke und die Eukalyptusblätter, das Innere der Bäume, bleibt unversehrt. Deswegen stehen die Stämme noch.* Wir gingen ein Stückchen weiter und ich sah, dass am Boden zwischen den verbrannten Pflanzen frisches Gelb erschien. Angezogen von der leuchtenden Farbe ging ich darauf zu. *Das sind Wattle, was du hier erblühen siehst. Sie brauchen das Feuer, denn nur dann brechen ihre Samenkapseln auf und streben zum Leben. Man nennt solche Pflanzen Pyrophyten. Davon gibt es sehr viele in Australien. Schau, dort vorne stehen noch mehr Akazienarten. Dort hat eine Banksie überlebt. Sie mag es besonders heiß. Ihre Blätter sind hart und nicht brennbar, nur ihre abgetrockneten Blätter verbrennen und durch die Hitze des Feuers platzen ihre Samenkapseln. Diese werden durch den Wind des Feuers weitergetrieben, wo sie erneut erblühen können. Auch der Grasbaum braucht die rauchige Luft, um zu keimen. Es ist faszinierend, wie die Natur sich selbst gegen so eine machtvolle Katastrophe wie Feuer zu schützen weiß.* Ich war sehr erstaunt darüber, als er mir dies erzählte, und ich sah ja, dass dies wirklich stimmte. So trostlos, wie es auf den ersten Blick aussah, war es gar nicht, denn überall sah man wieder Leben erwachen. Klar brauchte es Zeit, bis es wieder im alten Glanz erstrahlte, doch ein Anfang war da und das beruhigte mich sehr. Doch dann sah ich mich um und es fehlten die Tiere. Hier und da flogen ein paar Vögel, doch es fehlte das tierische Leben. Ich fragte also wieder und darauf erzählte er mir: *Schau, Zacharias, hier in Australien lebt der Feuerkäfer. Seine Sensoren schlagen aus, wenn er die Wärmestrahlungen von Feuer wahrnimmt. Sein Infrarotorgan ist in der Lage, Temperaturveränderungen in über 60 km Entfernung zu orten. Dann macht sich der Käfer sofort auf den Weg dahin. Er paart sich dort, denn seine Larven können nur in totem Holz wachsen. In lebendem Holz würden sie durch das Harz getötet werden und zerquetscht. Es gibt an die 40 Insektenarten, die sich von einen Feuer nicht einschüchtern lassen. Viele Tiere buddeln sich auch tief in die Erde und andere wiederum flüchten. Leider gibt es auch solche, die dem Feuer zum Opfer fallen. Ein Koala ist auf die Hilfe des Menschen angewiesen, denn er bleibt auf seinem Baum sitzen. Er hat keine Fluchtgedanken. Man könnte auch sagen, er erstarrt vor Angst. Das ist leider die traurige Wirklichkeit.* Dies stimmte mich traurig. Klar, Vögel konnten wegfliegen, doch auch für sie ist das Feuer eine große Gefahr, weil es den Sauerstoff aus der Luft zieht. Doch ich war trotz allem sehr beruhigt, denn ich sah plötzlich, dass es ein Leben nach der Katastrophe gibt.“ Zacharias machte eine Pause und schaute stirnrunzelnd Inaki an. „Du gehörst auch einer Art an, als Keilschwanzweihe, die gerne mit dem Feuer spielt. Nennt man euch nicht sogar Firebirds? Ihr jagt gerne in Brandnähe, da hier die flüchtenden Kleintiere eine willkommene Nahrungsquelle sind. Ich habe mal gehört, dass ihr sogar brennende Äste aus dem Feuer holt und gezielt dazu einsetzt, Beute zu machen.“

„Ja, das haben wir ab und zu gemacht“, sagte Inaki. „Wir müssen auch überleben und auf der Jagd ist uns jedes Mittel recht. Naja, ein Waldbrand ist ja nicht so schlimm, doch was zurzeit passiert, ist schon ein Inferno.

Zacharias schmunzelte. „Inferno oder nur ein kleiner Waldbrand, das Resultat ist das gleiche. In Australien brennt es jedes Jahr schon seit Jahrzenten. Es ist zwiespältig, was die Waldbrände auf die Natur für Auswirkungen hat. Einerseits vernichten die schwer aufzuhaltenden Feuer tausende Hektar Busch und Waldfläche, darunter auch viele bedrohte Tierarten. Jedoch sind Waldbrände nicht nur alles zerstörende Feuer, sie bringen auch neues Leben mit sich. Viele Ökosysteme haben sich an die regelmäßig, natürlich vorkommenden Feuer angepasst. Schon nach kürzester Zeit erholt sich die Natur und erwacht zu neuem Leben.“

Malu überlegte. „Diese Feuer sind aber schon sehr zerstörerisch und die Menschen fördern die Gefahr durch ihre Gifte auch noch mehr. Da kann man doch nicht mehr von natürlichen Feuern sprechen.“

Sophia streckte sich. „Klar muss mehr zum Schutz der Natur getan werden. Wie die Brände die letzten Jahre ausarteten, ist nicht richtig und hängt sicher mit dem Klimaproblem und somit mit dem Menschen zusammen. Doch wie wir alle wissen, kann man so ein Problem von so gigantischen Ausmaßen nicht mit einem Fingerschnippen lösen. Da ist wieder jeder Einzelne gefragt.“

Wisal schaute bedröppelt drein. „Herrjemine, das ist wieder dieses doofe Thema. Der Einzelne, was kann der schon erreichen? Die Menschen demonstrieren, stellen sich mit Plakaten an die Straße und denken, sie erreichen damit etwas. Das Traurige ist, dass sie dabei sogar noch Müll hinterlassen. Schlauer wäre, sich zu treffen, um zum Beispiel den Müll aus dem Wald zu sammeln oder Tieren einen angemessenen Lebensraum zu schaffen. Man könnte doch diese Demonstrationen mit etwas Sinnvollen verbinden. Geredet wird schon genug, ich finde, es müsste mehr gehandelt werden."

Lynn sah Wisal an. „Du hast vollkommen Recht. Doch die Menschen hoffen damit etwas zu erreichen, wenn sie demonstrieren bei diesen großen Politikern."

Inaki schüttelte seinen Kopf. „Ehrlich gesagt muss weniger geredet und mehr gehandelt werden. **Am Ende wird alles gut werden. Ist es noch nicht gut, ist es noch nicht am Ende.**[11] So wird es sich verhalten. Die Natur regeneriert sich, die Menschen werden hoffentlich schlauer und wir Tiere passen uns dem Wandel des Klimas an. So, wie wir es schon seit Anbeginn der Zeit, immer wieder getan haben."

Zacharias lachte. „Schaut mich an, ich bin ein alter Mann, zähle nunmehr 84 Jahre und ich habe den Wandel von Zeitgeschehen und Klima miterlebt. Man sagt oft, früher war alles schöner und einfacher. Nein, so denke ich nicht. Es war anders, jedoch einfacher? Wir hatten Schneeberge und eisige Winter und empfanden sie als schrecklich zu dieser Zeit. Wir hatten Holzöfen, schleppten das Holz ins Haus, das Stroh in den Stall und doch gab es Momente, wo wir dachten, so kann es nicht weitergehen. Jetzt gibt es so viel Technik und Hilfsmittel, weil der Mensch immer nach mehr strebte. So wird es auch immer sein. In ein paar Jahren sitzen andere hier und haben die gleichen Gedanken. Auch sie werden feststellen, ja, es war anders, als sie jünger waren, doch einfacher?"

---

[11] Oscar Wilde

Inaki schmunzelte. „Ich sehe schon, Hoffnung gibt es immer, alles hat eine gute Seite, wir müssen sie nur sehen. Das schreckliche Geschehen auf der Welt kann nur geändert werden, wenn jeder Einzelne mithilft. Darüber reden ist nicht verkehrt, doch muss man auch handeln."

Malu schaute in die Runde der Tiere. „Es kann viel getan werden, es müssen keine großen Schritte sein, kleine Schritte reichen. Doch eines sollten wir nie vergessen, eine Minute sich Zeit nehmen, um der Opfer zu gedenken, die viel zu früh in den Himmel gerufen wurden. Des Weiteren sollte man nie die Helden aus den Augen lassen, diejenigen, die sich bei so einer Naturkatastrophe für die Betroffenen einsetzen. Einfach mal Danke sagen."

Sophia lächelte. „Malu, so soll es sein. Hoffnung gibt es immer, denn die Hoffnung steckt in jedem Einzelnen."

Langsam verabschiedeten sich die Tiere und machten sich auf den Weg in ihre Schlupflöcher. Inaki spannte seine großen Schwingen weit auf und sah Malu an. „Du, Malu, regst zum Umdenken an. Es stimmt, viele kleine Wassertropfen ergeben einen See. Die Natur heilt sich selbst, solange der Einzelne noch bereit ist, sie zu hegen und zu pflegen. Ich mache mich nun auf den Weg und werde das Gehörte mitnehmen, denn es regt mich sehr zum Nachdenken an."

Inaki erhob sich in die Lüfte. Man sah ihn am dunklen Himmel an den Sternen vorbeigleiten in seiner ganzen Pracht. Mirko krabbelte bei Imani ins Gefieder und auch die Freunde verabschiedeten sich von Zacharias und Lynn. „Macht es gut, bis zum nächsten Mal und glaubt mir, auch ich werde heute viel zum Nachdenken haben", sagte Lynn.

## Die Einzigartige

Der Mond schien hell am Himmel, umgeben von zigtausenden von Sternen. Er beleuchtete die Natur, warf Schatten, wo sein Licht sich brach. Es war wieder der Beginn einer magischen Nacht. Die Stille, die sie mit sich brachte, senkte sich über das Tal herab. Die Welt schien mit einem letzten Atemzug in tiefen Schlummer zu fallen. Jeden Abend begann diese fantastische Zeit und obwohl sie dunkel erschien, leuchtete sie in den Farben der Nacht. Für den einen ist sie nur finster, für den anderen ist sie magisch. Wenn das Auge nicht mehr sieht, muss man mit seinen anderen Sinnen erleben. Man sollte intensiver lauschen und den Duft des Waldes in sich aufnehmen. Wenn man dann sein Herz weit öffnet, erscheint das Dunkel plötzlich hell.

Malu erlebte dies jeden Abend aufs Neue und er bekam nie genug davon, wenn er in die Nacht flog. Auch heute flatterte er voller Vorfreude in die nächtliche Natur, vorbei an den Schatten des Mondes, hinein in die fantastische Welt der erstrahlenden Dunkelheit. Als er an seinem Lieblingsplatz, der großen Eiche, ankam, machte er halt. Er sah Sophia auf ihn warten. „Guten Abend, Malu, ist es nicht wieder eine wunderschöne Nacht?“

Malu seufzte auf. „Ja Sophia, jede Nacht ist einzigartig, genau wie diese heute.“

„Was hältst du davon, wenn wir heute wieder durch die Dorfsiedlung fliegen? Da waren wir schon lange nicht mehr. Ich habe gehört, dort haben sie den neuen Park fertig. Lass ihn uns anschauen.“

Malu spannte seine Schwingen aus. „Na dann komm, fliegen wir ihn uns anschauen.“

Beide machten sich auf den Weg durch den Wald, über die große Wiese, zur Dorfsiedlung. Schon von Weitem sahen sie die Lichter des Dorfes. In einigen Häusern waren die Fenster beleuchtet und auch viele Lichter erhellten dezent die Gärten. „Schau, Sophia, wie schön das aussieht. Diese kleinen Lampions finde ich total toll in den Gärten, das hat etwas Verwunschenes an sich."

„Das stimmt, Malu, es sieht sehr schön aus. Schau, dort vorne ist der Park, auch er scheint beleuchtet zu sein." Sie flogen beide näher und zwischen den großen Bäumen in den Park hinein. Mittendrin befand sich ein Springbrunnen und dieser leuchtete in bunten Farben.

Malu jauchzte auf. „Wow, schau, wie schön. Farbiges Wasser und diese tollen Blumenbeete außen rum. Einfach nur klasse."

Sophia lachte und schaute sich um. „Schau mal, da ist jemand, wollen wir Hallo sagen? Irgendwie sieht sie traurig aus. Vor allem, was macht sie zu dieser Stunde alleine hier im Park?"

Neben einer Bank saß ein kleines Mädchen und schaute blicklos in die Ferne. Malu flatterte hin und ließ sich auf der Lehne der Bank nieder. Sophia folgte sogleich. Doch das Mädchen reagierte nicht. „Hallo, ich bin Malu, wer bist du und warum sitzt du hier so alleine rum?"

Das Mädchen drehte langsam den Kopf und schaute die beiden an. Ganz zaghaft erschien ein schwaches Lächeln auf ihrem Gesicht. „Hallo, ich bin Jala, ich verstehe euch, doch ihr seid Tiere. Wie kann das möglich sein."

„Tja, ich würde sagen du hast ein reines Herz und glaubst an die Magie und somit verstehst du uns auch", antwortete Malu. „Sag uns doch, warum du hier so alleine sitzt."

Jala schluckte. „Ach ich sitze hier nur rum, einfach so."

Sophia verdrehte die Augen. „Man sitzt nicht nur einfach so da. Du kannst es uns gerne erzählen, vielleicht können wir dir helfen."

Jala holte tief Luft. „Also ich, naja, ich bin einfach für alle nur eine Belastung und ein Hindernis. Manchmal denke ich, es wäre besser, wenn ich nicht mehr hier wäre."

Erschrocken horchte Malu auf. „Aber warum? Du bist ein hübsches Mädchen und in dir steckt sicher viel Gutes, wie sollst du eine Belastung sein?"

„Schaut mich doch mal genau an, ich sitze hier in diesem Stuhl und … ich sitze eben."

„Ok du sitzt in diesem Stuhl, doch wo ist das Problem?" Malu verstand es nicht.

Jala schaute genervt Malu an. „Willst du es nicht verstehen? Ich bin behindert. Ich sitze in diesem doofen Rollstuhl, kann nicht gehen, brauche bei allem Hilfe und bin immer auf alle angewiesen. Ich bin nur eine Belastung. Für meine Eltern, die sich jeden Tag um mich sorgen, und für meine Klassenkameraden, die mich eigentlich links liegen lassen, weil ich nicht mithalten kann. Viele Menschen, denen ich begegne, schauen weg, wenn sie mich sehen. Sie können meinen Anblick nicht ertragen. Ich bin nichts wert."

Malu hopste auf Jalas Beine und legte den Kopf schief. „Also, ich sehe keine Behinderung. Du bist schön und nett, nur etwas verwirrt in meinen Augen."

„Verwirrt, ja, das mag wohl sein."

Sophia huschte auf die Lehne vom Rollstuhl. „Jala, erzähle uns doch mal genau, was dich so traurig macht."

Jala schaute in den Himmel. „Schaut, seht ihr die Sterne und den Mond? Jeden Abend rede ich mit ihnen, doch nie bekomme ich Antworten."

Sie seufzte tief auf. „Ich kenne nur den Rollstuhl, denn ich kam so zur Welt. Ich kenne nicht das Gefühl zu rennen und zu hüpfen, meine Beine tragen mich nicht, sind nutzlos. Mama erklärte mir einmal, das lag an der schweren Geburt und an dem Luftmangel dabei. Manchmal habe ich epileptische Anfälle, die sind richtig schrecklich. Meine Eltern sind immer in Sorge um mich. Mama weint viel, wenn sie denkt, dass ich es nicht sehe. Ich werde nie normal sein."

Malu räusperte sich. „Was ist normal? Für mich bist du normal, auf deine eigene Art. Was denkst du denn, was normal ist?"

„Naja eben normal. Aufrecht zu gehen, keine wilden Zuckungen zu bekommen, etwas alleine zu tun, nicht immer auf andere angewiesen zu sein. Tanzen und springen zu können und vor allen mit Respekt behandelt zu werden."

„Glaubst du wirklich, das macht es aus? Ich denke, nicht. Gut, du sitzt im Rollstuhl, du hast ein Handicap doch trotz allem hast du deinen eigenen Wert."

Jala schnaubte. „Wisst ihr, wie man sich vorkommt, wenn man den Hass der Menschen spürt? Sie schauen einen an, als würden sie sich vor mir ekeln. Neulich waren wir in einem Gasthof. Papa sucht uns immer einen Tisch in einer Ecke, damit mein Rollstuhl nicht stört. Dazu muss er meistens schon mal einen Stuhl beiseite schieben, dass ich vorbeikomme. Die Menschen gucken dann so, als wäre es eine Todsünde. Meinen Papa stört das nicht, doch Mama tut es weh, diese Blicke zu sehen. Als wir dann endlich an unserem Tisch saßen und Essen bestellt hatten, kam ein Pärchen rein. Sie schauten mich direkt an und dann hörte ich, wie sie den Kellner fragten, ob sie einen Tisch woanders bekommen könnten, wo sie die Behinderte nicht sehen müssen. Der Kellner schaute ganz geschockt und peinlich in meine Richtung. Es war nicht das erste Mal, dass so etwas geschah. Die Menschen ekeln sich vor mir. Meine Eltern sagen immer, ich soll mir das nicht zu Herzen nehmen. Doch wie kann ich das, es tut weh. Ich möchte doch nur akzeptiert werden."

Malu schaute bestürzt Jala an. „So gemein können Menschen sein und das nur, weil du im Rollstuhl sitzt. Du bist hübsch, sauber gekleidet, dein Haar ist gepflegt, du hast ein nettes Lächeln. Ich verstehe nicht, wie Menschen so blind sein können."

„Malu, das ist leider die traurige Wirklichkeit. Neulich waren wir einkaufen im Supermarkt. Was passiert natürlich? Genau dann, als wir in der Kassenschlange standen, bekam ich einen epileptischen Anfall. Mama muss mir dann immer schnell das Notfallmedikament geben und ich sabber natürlich auch dabei. Das ist mir echt verdammt peinlich und schon schwer genug, zu wissen dass man vor fremden Menschen plötzlich rumzappelt und sabbert. Doch dann gibt es wirklich noch Menschen die Mama und Papa anschreien, sie sollen mich doch endlich wegbringen, Platz machen, denn sie hätten keine Zeit und wollen an die Kasse. Das ist so was von verkehrt und verletzend."

Malu bekam große Augen. „Das ist nicht normal, Jala. Dieses Verhalten ist nicht normal, doch du bist normal. Normalität ist keine Norm. Du in deiner Art, so wie du geboren bist, so muss man dich auch akzeptieren und vor allem lieben. Deine Eltern lieben dich sehr, denn wie ich aus deinen Geschichten heraus höre, umsorgen sie dich und verstehen dich. Sie nehmen dich mit zum Einkaufen und in Restaurants, für sie bist du normal.“

Jala atmete tief durch. „Wisst ihr, ich habe mich damit abgefunden, anders zu sein, und meine Eltern lieben mich so, wie ich bin, das weiß ich. Doch es verletzt und schmerzt, wenn man sieht, wie Außenstehende damit umgehen. Diese Blicke, die einen ständig verfolgen und sagen, sperrt sie ein, den Anblick kann man niemandem zumuten. Das schmerzt.“

„Jala, das Problem bist nicht du“, sagte Sophia leise. „Das Problem liegt in dem einzelnen Menschen. Es gibt sicher einige, die einen Ekel verspüren und unwohl sein, wenn sie dich sehen, doch die meisten sind unsicher, denn sie wissen nicht, wie sie damit umgehen sollen. Es liegt in der Natur des Menschen, etwas anzustarren, was ihnen anders vorkommt. Wenn sie dann merken, dass sie starren, ist es ihnen peinlich und sie schauen schnell weg. Ihnen ist es unangenehm, das Leid zu sehen, denn sie denken, dass es Leid ist. So tickt der Mensch. Sie kommen auch selten auf die Idee, einfach mal Hallo zu sagen oder zu winken und ein Lächeln zu schenken.“

„Ich will doch deren Mitleid nicht, ich möchte eigentlich nur akzeptiert werden, so wie ich bin, und vor allem respektvoll behandelt werden. Genau dies wünsche ich auch meinen Eltern, denn auch sie werden oft beschimpft und angerempelt ohne Grund, so nach dem Motto, wie können sie nur mit mir in der Öffentlichkeit herumspazieren?“

Malu schüttelte langsam den Kopf. „Weißt du, Jala, viele Menschen sollten sich die Zeit nehmen, um sich in deine Lage und in die Lage deiner Eltern zu versetzen. Heutzutage gibt es so viele Feste und Veranstaltungen, die körperlich behinderten Menschen helfen sollen, jedoch vor allem, die helfen sollen, dass der Mensch, der sich für normal hält, damit umzugehen lernt. Nur das kommt bei ihnen nicht an. *Du* bist nicht das Problem und dein Handicap auch nicht. Das Problem liegt in den einzelnen Menschen und in seiner Denkweise, die eine normale Norm vorschreibt. *Du* bist etwas Besonderes. *Du* bist einzigartig in deinem Wesen und deinem Leben. *Du* bist wichtig, nicht die anderen. *Du* musst anfangen dich selbst zu lieben und zu akzeptieren, dann werden sich auch die anderen finden, die lernen, dich so zu akzeptieren, wie du bist. Deine Eltern stehen zu dir, denn sie lieben dich genau so, wie du bist. Sei du selbst, lass alle reden, denn wie andere sich verhalten ist nicht deine Schuld. Nimm deine Einzigartigkeit an. Ich kenne einen Feuersalamander, Claudio. Er hat auch ein Handicap, er hat einen steifen Rücken und das ist total unnormal für so einen Salamander. Doch er geht seinen Weg. **Weißt du, man sieht oft nur die Gebrechen und Behinderungen, doch wie viel Stärke und Kraft es kostet, damit zu leben, für dich und auch deine Eltern, das sieht keiner**."

Jala seufzte tief auf. „Du hast recht, Malu, was mache ich mir Gedanken über die anderen Menschen? Ich möchte viel lieber lachen und fröhlich sein. Egal, was für ein Handicap ich habe. Sollen doch alle doof gucken, denn ich werde in Zukunft viel Spaß haben, den diese Menschen bestimmt nicht kennen."

Sophia lachte. „Genau, sei fröhlich, sodass sie Neidisch werden. Winke ihnen zu, lache sie an, glaube mir, irgendwann wird ein Mensch dazwischen sein, der spontan zurückwinkt."

Jala jauchzte auf. „So, und nun haltet euch fest, wir drehen eine Runde durch diesen neuen, wundervollen Park."

Jala löste die Bremse und ab ging es den Weg um den Springbrunnen herum. Sophia und Malu lachten schallend und krallten sich am Rollstuhl fest. Plötzlich hörten sie jemanden Jalas Namen rufen. Jala stoppte und rief lachend. „Juhu Papa, Mama, schaut mal, wie toll die Nacht ist, die Farben, die Stille ist so wunderschön."

Jalas Eltern kamen näher und schauten erstaunt ihr Kind an, das sie verzweifelt gesucht hatten, in der letzten Stunde und nun fröhlich lachend hier vorfanden. Malu und Sophia erhoben sich und flatterten um die kleine Familie herum. Die Eltern fielen vor Jala auf die Knie und umarmten sie kräftig. Dann standen sie auf, schnappten sich den Rollstuhl und jagten durch den Park, lachend, glücklich und ausgelassen.

Malu schaute Sophia an. „Genau so soll es sein. Nicht vom Kummer erdrücken lassen, sondern lachen und fröhlich sein. Es gibt kein Normal, es gibt nur ein Anders und das ist nicht verkehrt."

Noch lange schauten sie der kleinen Familie zu, bis sie ganz erschöpft ins Gras fielen und zusammen den Mond betrachteten. Lautlos flogen Malu und Sophia aus dem Park. Ja, das Leben war schön.

## Der Regenwald des Meeres

Was gibt es Schöneres als die herabsinkende Sonne am Abend. Der Tag mit seinen lauten Geräuschen legt sich langsam schlafen. Je tiefer sie sinkt, desto stiller wird es. Es ist, als würde die Sonne den Lärm und die Hektik mit sich nehmen. Es ist die Zeit, in der alles zur Ruhe kommt, die Zeit, in der die Tiere der Nacht erwachen und sich auf ihren Weg begeben. Es ist die Zeit, in der sich Malu reckt und streckt und voller Freude auf neue Erlebnisse erwacht. Er flatterte fröhlich aus seiner Höhle und bewunderte, wie jeden Abend, das tolle Schauspiel am Horizont. Voller Euphorie turnte er am Himmel entlang und machte sich auf den Weg zum See. Schon von Weitem rief er: „Wisal, huhu, wo steckst du?“

Wisal, der Waschbär, krabbelte aus seinem Versteck und schleppte seinen Plüschteddy hinter sich her. „Guten Abend Malu, was liegt heute bei dir an? Hast du etwas Besonderes vor?“

Es raschelte am Boden und flink flitzte Claudio, der Feuersalamander, hervor. Es sah lustig aus mit seinem steifen Rücken. Doch keinen störte es mehr, denn so kannten sie ihn eben und das machte ihn auch zu etwas Besonderen.

„Ach, du auch hier, das ist toll“, freute sich Malu. „Wollen wir was zusammen machen?“

Wisal jauchzte. „Jaaa, lass uns was erleben, etwas Schönes, Gruseliges und Tolles.“

Malu verdrehte die Augen. „Herrjemine, was Schönes und zugleich Gruseliges? Das ist ein komischer Wunsch. Das sind zwei Gegensätze. Schön ist nicht gruselig. Was meinst du damit?“

Wisal schaute bedröppelt. „Mmh naja, egal, irgendwas.“

Claudio bekam einen Lachkrampf. „Typisch Wisal, wieder mal total durcheinander.“

Lautlos schwebte Sophia heran. „Guten Abend, was ist das hier für eine Versammlung?“

Malu kicherte. „Ach, wir suchen für Wisal etwas zum Erleben, etwas Schönes und Gruseliges.“

„Na da bin ich mal gespannt.“ Der See lag ruhig vor ihnen und mittlerweile war die Nacht hereingebrochen, die Sterne spiegelten sich im Wasser und ein komischer Dunst stieg daraus hervor. Alle schauen sie fasziniert auf den See.

Wisal flüsterte: „Seht ihr das auch oder sehe ich es nur?“

Claudio huschte leise näher. „Nee, ich sehe es auch. Irgendwie gruselig, wie der Nebel da aufsteigt.“

„Wow gruselig, genau das, was wir für Wisal suchen“, wisperte Malu.

Sophia schmunzelte. „Na, da werdet ihr gleich staunen, von wegen gruselig. He, Shasa bist du das? Ein theatralischer Auftritt, wie du ihn magst.“

Aus dem Nebel formte sich eine kleine Gestalt. Sie sah aus wie ein kleines, zartes Mädchen mit blonden, welligen Haaren bis zur Taille und einem fließenden Gewand. Ihr Gesicht war von tiefer Reinheit und sie strahlte alle an. „Guten Abend. Sophia woher wusstest du, dass ich es bin?“

„Ach ich habe dich schon die ganze Zeit unter der Wasserfläche gespürt, deine Magie hat dich verraten.“

„Oh, na dann, nochmal Hallo, ich bin Shasa, ein Wassergeist.“

Malu machte große Augen. „Wow, cool, du lebst im Wasser, wie ist es da so? Ich wollte auch gerne mal die Welt unter Wasser kennenlernen, doch ich kann nicht schwimmen.“

Wisal schnaubte. „Ätsch ich kann das, doch hier im See sind nur Seegras und Algen. Ich habe gehört, im Meer ist es viel schöner. Da würde alles bunt sein und viele farbige Fische schwimmen da rum. Nicht wie hier, nur trostloses Grau.“

Shasa sah Wisal an. „Du hast recht, das Meer verbirgt wundervolle Farben und tolle Pflanzen, die in allen Facetten leuchten. Doch leider vergeht dieser Glanz auch langsam.“

„Warum vergeht dieser Glanz?“, fragte Wisal.

Shasa schwebte näher, es kam einen vor, als liefe sie auf dem Wasser. „Wisst ihr, die Unterwasserwelt des Meeres ist so etwas Bezauberndes. Sie hat ihre eigene Magie. Stellt euch vor, der Himmel ist dunkel, Wind rauscht, Wellen schlagen gegen die Felsen und die Wasserfläche erscheint euch erschreckend schwarz. Dann jedoch taucht ihr hinein, versinkt und plötzlich umgibt euch Stille in ihrer reinsten Form. Ihr taucht tiefer und vor euch eröffnet sich eine Welt voller Farben. Riesige Riffe erstrecken sich im Ozean. Dazwischen schwimmen Fische in schillernden Farben und Formen.“

Malu unterbrach Shasa. „Sind Riffe Felsen unter Wasser?“

„Nein, Malu, Riffe sind Leben. Riffe sind bedeckt von Korallen und diese sind sogenannte Nesseltiere. Es gibt diese Korallen in allen Ausführungen und sie sind Lebewesen. Viele denken heute noch, Korallen wären Pflanzen, jedoch sind sie kleine Polypen, die in ganzen Kolonien siedeln und zu den Nesseltieren wie Quallen und Seeanemonen gehören. Anders als Pflanzen besitzen sie einen Schlund, mit dem sie Nahrung aufnehmen. Mit ihren teilweise, hochgiftigen Tentakeln filtern sie ihre Nahrung aus dem Wasser und nehmen so überwiegend winzige schwebende Tiere und Plankton zu sich. Sie sehen wunderschön aus. Die Riffwelt ist einzigartig. Viele verschiedene Fische, Seepferdchen, Muränen leben darin."

Wisal staunte. „Muss das toll sein, ganz anders als hier im See. Diese Korallen sind, wie du sie beschreibst, Blumen des Meeres."

„So in etwa, es sind Blumentiere und sie gehören zu den ältesten Tieren auf der Welt."

„Boah, das ist krass, erzähl uns mehr davon."

„Es leben natürlich auch gerne Haie und Rochen im Riff, denn es bietet viel Nahrung weil sich dort gerne große Fischschwärme aufhalten. Die Fische und die Korallen haben so etwas wie Freundschaft geschlossen, denn die Fische werden nicht von ihren Giften getötet. Ich kann euch diese Welt nicht so beschreiben, wie sie wirklich ist. Es ist einzigartig, magisch. So ein Korallenriff bezaubert einen. Diese Ruhe, die es ausstrahlt, dieses Schillern und dieses Leben, das darin wohnt, macht es zu etwas Fantastischen. Ich schwebe gerne hindurch, ruhe mich darin aus und lass die Seele baumeln. Doch leider sterben die Korallen und immer öfters sehe ich ein Riff, das nur noch Gerippe von Korallen beherbergt. Der Glanz ist dann verloren und es erscheint so dunkel wie dieser See hier."

Malu schaute erschreckt. „Was passiert da? Warum geht diese Schönheit kaputt, sie ist doch versteckt unterm Meeresspiegel?"

„Malu, was ist schon versteckt genug vor dem Menschen. Der Mensch kennt die Schönheit dieser Riffe, die Wunderwelt des Meeres und er macht Geld damit, möglichst vielen Menschen diese fantastische Welt zu zeigen. Es reicht nicht aus, dass sie Filme drehen, sie müssen es mit eigenen Augen sehen. Leider liegt es in der Natur des Menschen, alles anzufassen und zu begrapschen und, noch schlimmer, sich Souvenirs mitzunehmen. Der Mensch gibt sich nicht damit zufrieden etwas nur zu bewundern und sich daran zu erfreuen. Dadurch kommen Keime und Bakterien an die Korallen, die diese nicht vertragen. Sie werden infiziert. Die Menschen denken, es sind leblose farbige Steine. Sie sehen hier kein Lebewesen, kein Tier. Für sie muss ein Tier Beine, Ohren und ein Herz haben, ansonsten sind es keine Tiere."

Claudio schaute entsetzt. „Waaas, die reißen einfach so Stücke von ihnen ab? Das wäre ja genau so, als wenn sie einen Fuchs fangen und ihm den Schwanz abreißen oder einer Fledermaus die Flügel ausreißen. Was denken die sich, das ist Tierquälerei. Wenn doch Korallen Tiere sind und dann noch so wunderschöne Blumentiere, warum tut ihnen der Mensch so weh? Wo ist da sein Naturschutz und was heißt das, sie haben kein Herz?" Shasa schaute traurig.

„Es sind Hohltiere wie Quallen und haben kein Herz, jedoch heißt das nicht, dass sie keine Gefühle haben, sie sind trotz allem Lebewesen. Ja, es ist eine Art von Tierquälerei, leider wird das nicht so gesehen. Es gibt natürlich hohe Strafen für diejenigen, die sich Souvenirs mitnehmen, doch in diesem Augenblick ist es schon zu spät. Verschiedene Riffe werden schon für Besucher gesperrt, doch immer noch sind zu viele mit Tauchern überflutet. Dazu kommt noch die Umweltverschmutzung. Das Plastik und die chemischen Schadstoffe, die der Mensch ins Meer lässt, nehmen ihnen den Sauerstoff und vergiften sie. Auch die Überfischung trägt ihren Teil bei. Der Mensch braucht immer alles im Überfluss, er gibt sich nicht mit Kleinigkeiten zufrieden. Schon lange sieht er die Nahrung aus dem

Meer nicht mehr als Kostbarkeit an. Er weiß um die Not der Korallenriffe, jedoch müsste viel mehr informiert werden. Wie gesagt, die wenigsten wissen überhaupt, dass Korallen Tiere sind und Leben.“

Claudio schüttelte sich. „Einfach erschreckend. Das ist der blanke Horror. Da reißt einfach so ein unwissender Mensch ein Stück von einem Tier ab. Wenn Thempa der Wolf, der hier in unseren Wald lebt, einem Menschen etwas abbeißen würde, boah … was wäre da für ein Geschrei, und Thempa würde sofort auf der Todesliste stehen. Doch der Mensch darf uns quälen, Stücke aus uns herausreißen, denn er denkt, wir haben keine Gefühle. Für mich sind Korallen meine Brüder und Schwestern, denn sie gehören zu uns Tieren. Es sind so wunderschöne Tiere und das Schlimme daran ist noch, sie sind hilflos, denn sie können nicht flüchten.“

Wisal verzog voller Grauen das Gesicht. „Das ist voll beängstigend. Genau, sie können ja nicht flüchten sie hängen da fest.“

Sophia plusterte sich auf. „**Solange Menschen denken, dass Tiere nicht fühlen, müssen Tiere fühlen, dass Menschen nicht denken.**[12] Shasa hat das schon richtig gesagt. Viele Menschen wissen nicht, dass Korallen Tiere sind. Für sie sind es einfach Pflanzen und die kann man pflücken wie Blumen. Blumen leben zwar auch, doch ihre Wurzeln bleiben im Boden und wachsen neu. Viele Blumen erfreuen sich auch daran Freude zu schenken, in Vasen und Gestecken. Doch solange der Mensch nicht akzeptiert und wahrnimmt, dass Korallen Tiere und somit Lebewesen sind, muss diese Tiergattung leiden. Korallenriffe sind in hohem Maße bedroht. Das tropische Korallenriff ist nach

[12] Quelle Unbekannt

dem Regenwald der artenreichste und am dichtesten besiedelte Lebensraum der Erde."

Malu sah Shasa an. „Warum wird den Menschen nicht gesagt, dass Korallen Tiere sind und dass sie auch Gefühle haben?"

„Das wissen die Menschen schon, sie brauchen nur ihre elektrischen Geräte zu öffnen und mal reinschauen. Da steht über alles was geschrieben. Doch leider interessiert viele das nicht. Sie gehen tauchen, erfreuen sich an den magischen Farben der Riffe, der eine oder andere ist dann noch so unvernünftig und bricht sich ein Andenken ab. Der andere wiederum hat sich davor noch mit Creme eingerieben, dessen Partikel in nächster Nähe des Riffes nun gebracht werden. Der andere passt nicht auf und bricht versehendlich beim Tauchen etwas ab oder noch schlimmer er taucht mit Freuden und begeistert sich für die Korallen, geht jedoch nach Hause und schmeißt seinen Müll einfach in die Natur. Selbst hier im See ist viel Unrat und das Meer ist voll damit und erstickt langsam. Es wird versucht, künstliche Riffe anzulegen, denn Riffe sind auch wichtig für das ökologische Gleichgewicht."

Wisal knurrte: „Typisch, erst das natürliche Umbringen, dann versuchen, es wieder künstlich zu reparieren. Das ist sowas von daneben. *Jeder kleine Junge kann einen Käfer zertreten, jedoch alle Professoren der Welt können keinen herstellen.*[13] Wie sollen sie es dann schaffen das wieder in Ordnung zu bringen, was sie der Welt antun."

Malu seufzte auf. „Es ist, wie es ist, einfach erschreckend. Doch schaut mal, diese Blumentiere zählen zu den ältesten Tieren der Erde, sie haben schon so viele Klimaveränderungen mitgemacht. Man kann auch sagen, es sind

[13] Arthur Schopenhauer

Urzeittiere. Es ist grauenvoll, was der Mensch ihnen antut, und es muss mehr Aufklärung passieren, vor allem das Wissen muss weitergegeben werden, das es Tiere sind. Doch eines steht jetzt schon fest: **Alles, was den Tieren geschieht wird auch den Menschen geschehen. Der Mensch ist von uns Tieren abhängig. Zerstört er uns, zerstört er sich selbst**. Leider denkt er daran nicht."

Sophia schaute Shasa an. „Du als Wassergeist, siehst und spürst das Leid dieser Lebewesen. Es ist sicher schwer für dich, dort zu sein und nicht helfen zu können."

Shasa lächelte. „Wisst ihr, ich stehe als Symbol der Hoffnung, um Augen zu öffnen, die Wahrheit zu sehen. Ich bin der Wasserstrudel der kalt um die Beine der Taucher streicht, wenn sie dem Riff zu nahe kommen. Ich bin der Funken des schlechten Gewissens, das sie mitnehmen, wenn sie wieder ein Stück geräubert haben. Ich bin die Stimme des Meeres und ein Teil davon."

Malu schaute traurig Shasa an. „Letztes Jahr brannte die Bibliothek des Lebens, unser Regenwald, und nun erzählst du uns, dass der Regenwald des Meeres auch in Gefahr ist, das ist viel, was zum Umdenken anregen muss."

Shasa schaute in die Sterne. „Schaut hinauf, solange diese Sterne jede Nacht noch leuchten, gibt es Hoffnung. Denn diese haben sie noch nicht angefangen zu zerstören. Nehmt euch heute Nacht etwas Zeit und schwimmt in Gedanken in die Riffwelt, lernt die Blumentiere kennen und erfreut euch an ihrer magischen Schönheit. Lernt sie als Lebewesen kennen und achtet sie als solches, auch wenn sie kein Herz haben, sie haben Gefühle."

Ganz langsam legte sich der Nebel um Shasa und sie verschwand.

Claudio krabbelte zu Wisal und kuschelte sich auf seinen Teddy, Malu flatterte zu Sophia und lehnte sich an ihr Gefieder. „Weißt du, Sophia, jetzt hat Wisal doch noch ein schönes und gruseliges Erlebnis bekommen. Ich hätte nicht gedacht, dass dies möglich ist. Doch so ist das Leben, es hält immer Platz für Überraschungen offen.“

„Genau, Malu, lass uns zusammen noch etwas schweigen, bevor der Tag beginnt, und lass uns in Gedanken abtauchen in den Regenwald des Meeres.“

Bis zum Morgengrauen saßen sie alle zusammen und ließen ihre Gedanken zu den Blumentieren wandern.

## Valeska, die Eiche

Der Tag legte sich schlafen, ganz langsam kehrte die Stille des Abends ein. Noch erschien am Horizont das immer schwächer werdende Licht der Sonne. Die Vögel begannen ihr Abendlied zu trällern und es erschallte durch den Wald.

Mirko webte gelassen ein Netz am Felsen. Er schaute immer wieder in den Himmel, um zu sehen, wann der Mond erscheint. Er konnte ihn schon sehen, wenn er angestrengt hinschaute. Er zog seine Fäden mit einer Genauigkeit, die voller Kunst lag. Die Abstände wurden exakt gleich ausgerichtet. Er war total in seiner Arbeit vertieft, als plötzlich ein aufgeregter Schrei erklang. „Maluuuuuu, Maluuuuu, bist du schon wach?“ Mirko schaute sich erschrocken um. Zwischen den Bäumen rannte laut brüllend Wisal heran. Hinter sich am Ohr haltend, schleppte er wie immer seinen Teddy mit sich und in der anderen Pfote zerrte er etwas Großes hinter sich her.

„Was brüllst du wieder so?“

Wisal bremste ab und schaute zu Mirko empor. „Weck Malu auf, ich habe was gefunden, wir müssen den Besitzer finden, damit ich einen Finderlohn bekomme.“

„So, du hast also was gefunden, zeig mal.“

Wisal ließ sich auf seinen Popo plumpsen und starrte Mirko an. „Nein, erst wenn Malu da ist, eher sieht es keiner.“

Mirko verdrehte die Augen. „Ok, er wird gleich da sein, denn dein Gebrüll wird er bis in die Höhle gehört haben.“

Es dauerte auch nur wenige Minuten und Malu flatterte heraus. „Guten Abend, was ist hier wieder los? Wisal, warum schreist du hier so herum? Ich bin vor Schreck von meiner Ritze gestürzt, an der ich hing.“

„Hallo Malu, ich habe etwas gefunden. Das musst du sehen und wir müssen den Besitzer finden, dass ich einen Finderlohn bekomme.“

Malu landete vor Wisal. „Na, dann zeig mal, was du da hast.“

Wisal zog etwas unter sich hervor. Es sah auf dem ersten Blick aus wie ein kleines Brett. „Schau, das sieht so aus wie das, was Moja uns mal zeigte. Also ist es etwas Wertvolles, denn sie sagte damals, das es sehr wertvoll ist.“

Malu starrte, wie auch Mirko, auf den Gegenstand, den Wisal zu Tage förderte. „Oh, es ist ein Buch. Was da wohl drinsteht?“

Mirko krabbelte näher und besah es sich genauer. „Ui, das sieht toll aus, schau, hier vorne ist ein Baum aufgemalt.“

Malu überlegte. „Ich finde, wir sollten es zu Codys Baumhaus bringen. Heute treffen sich wieder die Kinder des Dorfes dort und sicher ist Moja auch dabei. Sie passt ja immer auf die Kinder auf. Vielleicht weiß sie, wem es gehört, oder sie kann uns sagen, was darin steht.“

Wisal rümpfte die Nase. „Mmh, das ist eine gute Idee, dann lass uns losgehen. Komm, Mirko, ich nehme dich mal bei mir mit.“

Mirko lachte schallend los. „Bei dir mitreisen, na, das wird lustig.“ Er krabbelte an Wisal hoch und ließ sich in seinem Nacken nieder. „Kann losgehen, mach langsam, dass ich nicht den Halt verliere.“

Die Gruppe machte sich auf dem Weg durch den Wald. Mittlerweile war es schon dunkel geworden und die Sterne beleuchteten ihren Weg. Malu flatterte voraus und war zuerst am Baumhaus, in dem schon reges Treiben herrschte. Cody, Aylin, Claudia und Jaro, die Kinder, waren schon da. Moja, Lynns Nichte, war auch dabei und einige Tiere des Waldes saßen in den Fenstern. „Guten Abend, oh Sophia, du auch hier. Das ist toll. Gleich wird Wisal mit Mirko kommen, er hat etwas gefunden.“

Alle fingen an zu lachen. Cody schüttelte den Kopf. „Na toll, das wird wieder ein Drama, wenn er was gefunden hat. Sicher möchte er es wieder behalten.“

„Nee, ich denke, er hat das jetzt begriffen, denn er sagte zu mir, wir müssen den Besitzer finden, damit er einen Finderlohn bekommt“, sagte Malu.

Von Weitem sahen sie Wisal herbei huschen. Kaum an der Leiter des Baumhauses angekommen, huschte Mirko aus seinem Fell und über das Holz hoch in die Hütte. „Hallo Leute, boah, war das ein wackeliger Ritt. Da flieg ich lieber mit Sophia.“

Wisal schrie von unten: „Hey, kann mir mal jemand helfen?“

Moja stand lachend auf und ging ihm entgegen. „Was schleppst du uns wieder alles an?“

„Ich habe ein Buch gefunden, wie deines. Schau mal, da steht was drin und es ist ein Baum drauf gemalt.“ Wisal streckte Moja das Buch entgegen, dann kletterte er auch hoch, seinen Teddy hinter sich her schleifend. Moja setzte sich in den Sessel und schaute sich das Buch an. Sie drehte und wendete es und blätterte durch die Seiten. Die Kinder und Tiere beobachteten sie.

Malu hing am Pfosten und fing zu schaukeln an. „Was meinst du, Moja, ist es ein kostbares Buch?“

Moja sah auf. „Jedes Buch ist auf seine Art kostbar. Manchmal ist es der Einband, ein anderes Mal sind es die Worte, die darin geschrieben stehen und wiederum können es auch die Herkunft und die Bilder sein, die sich darin verbergen. Auf die eine oder andere Art ist jedes Buch wertvoll. Denn jedes Buch fängt mit einer Idee an, einer Inspiration, einem Gedanken."

Mit großen Augen schaute Wisal zu Moja. „Wow, und was steht nun drin?"

Sophia grummelte: „Warte doch mal ab, das werden wir sicher gleich erfahren. Sicher liest sie uns etwas daraus vor."

Moja strich über den Einband, zog die Linien des darauf gezeichneten Baumes nach. „Es ist schon sehr alt, dieses Buch, und durch viele Hände gewandert. Hier, über dem Baum steht: lignumvitae, Das bedeutet Lebensbaum."

„Ui, das klingt spannend", flüsterte Cody.

Moja schlug das Buch auf und räusperte sich. *„Es war einmal ... "* ein gemeinschaftliches Stöhnen erklang.

„Boah, ein Märchenbuch und ich dachte schon, es ist was wirklich Ungewöhnliches", kommentierte Wisal.

Sophia schmunzelte. „Warte doch erst mal ab. Nicht nur Märchen fangen mit *es war einmal* an, sondern auch Lebensgeschichten können damit anfangen." Moja räusperte sich wieder. *„Es war einmal ... vor langer, langer Zeit, als ein schwarzer Vogel über einen Streifen Ödland flog. Als er so in den Lüften segelte, schaute er hinab auf die triste, öde Landschaft. Wie traurig, dachte er so bei sich, hier fehlt Leben und Farbe. Er kreiste eine ganze Zeit immer wieder über das brache Feld. Als die Sonne langsam unterging, landete er. Mit seinem Schnabel schabte er ein kleines Loch in die trockene Erde. Man sah nicht genau, was er machte, doch nach einiger Zeit scharrte er das Loch wieder zu und flog empor. Zufrieden mit sich selbst flog er noch ein letztes Mal über das Ödland und als er die ersten Regentropfen in seinem Gefieder spürte, setzte er seinen*

*Weg fort. Man sah ihn ganz langsam am Horizont verschwinden. Der Regen fiel sanft und leise auf die Erde. Tropfen für Tropfen brachte er Leben.“*

Moja schaute in die Runde. „Das ist das Vorwort, das hier steht.“

Malu überlegte. „Mmh, also ich denke mir, dass der Vogel irgendetwas gepflanzt hat, nur was, geht daraus nicht hervor. Lies doch erst mal weiter, dann erfahren wir sicher mehr.“

Moja räusperte sich und schlug die Seite um. *„Jahrzehnte später überflog ein Rabe das Land. Aus Erzählungen seiner Verwandten wusste er, dass hier irgendwo dieses Ödland sein müsste. Doch alles, was er fand, war eine große Waldfläche. Er ließ sich in Spiralen vom Horizont gleiten und flog ins Zentrum des Waldes, um sich auf einer sehr großen, alten Eiche niederzulassen. Als er sich umschaute, sah er einen Wald voller Leben. Er hörte etwas wispern und lauschte. Das Blätterdach der Eiche bewegte sich im Wind, doch das war es nicht, was er vernahm. „Hallo, ist hier jemand?“, fragte er. Ganz leise hörte er eine Stimme. „Klar ist hier wer. Doch du bist fremd in unserem Wald, was treibt dich zu uns?“ Der Rabe stutzte, denn er sah immer noch keinen. „Ich bin Yuven, ein Rabe, ich bin auf der Suche nach einem Stück Ödland, das eigentlich hier sein sollte. Seit Generationen wird erzählt, dass sich hier ein trauriges Stück Land befinden sollte. Mein Ururur-Großvater hat vor vielen Jahrzenten einen Samen hier vergraben und ich wollte der Sache auf den Grund gehen, ob etwas Wahres an der Geschichte dran ist.“ Eine Zeitlang blieb es still, dann vernahm er die Stimme. „Yuven, du sitzt im Mittelpunkt des Ödlandes. Vor vielen Jahren, dank deines Ururur–Großvaters, wurde ich geboren. Ich bin das*

*Samenkorn, das er in diese karge Welt setzte. Ich bin Valeska, die Eiche. Aus einer kleinen Samenfrucht entstanden, das Zentrum des Waldes. Meine Wurzeln fanden Halt in dem Boden, versenkten sich tief ins Erdreich, damit ich wachsen konnte. In den ersten Jahren war der Kampf groß und ich stand fast 80 Jahre alleine hier inmitten des Ödlandes. Dann kam das Jahr, in dem ich meine ersten Früchte trug, und mit ihnen kam das Leben. Immer mehr Vögel und Tiere akzeptierten mich als Heimat und verbreiteten Samen und Pollen und so entstand dieser schöne Wald um mich herum." Yuven staunte nicht schlecht. „Wow, dann bist du schon sehr alt." „Ja, ich zähle nun mehr fast 400 Jahre. Meine Wurzeln sind stark und meine Baumkrone mächtig. Viele Witterungen habe ich überstanden, ob es Frost, Hitze oder Stürme waren.""* Moja machte eine Pause und schaute in die Runde.

Wisal seufzte. „Wow, jetzt wissen wir, wie die große Eiche im Wald heißt. Das ist sicher ihre Geschichte. Valeska, ein sehr schöner Name."

Sophia nickte. „Valeska ist auch sehr passend, denn er bedeutet Stärke. Doch wir wissen nicht, ob die Rede von unserer alten Eiche ist oder von einer anderen Eiche."

Cody überlegte. „Also, ich denke schon, dass von der großen Eiche im Wald die Rede ist, denn mein Opa erzählte mir einmal, dass hier früher kein Wald stand, sondern alles Feld war."

Moja schmunzelte. „Naja, wenn das Buch hier auftauchte, denke ich auch, dass von unserer starken Eiche gesprochen wird. Mal sehen, was Valeska uns noch erzählt." Sie klappte das Buch wieder auf und holte tief Luft, bevor sie weiterlas. *„Yuven staunte nicht schlecht, als er das hörte. „Sag mir, wie hast du das alles überlebt?" Die Blätter der*

*Baumkrone raschelten. „Weißt du, wir Bäume sind Überlebenskünstler. Wenn wir die ersten Jahre überstehen, können wir viele Jahrhunderte oder tausende Jahre alt werden. Wir Bäume altern wie alle Lebewesen. Wir keimen, wachsen und kümmern uns um Nachwuchs. Wir bestehen aus Millionen Zellen und somit können wir uns erfolgreich gegen Angreifer wehren. Du musst wissen, dass wir Bäume keine Organe wie Tiere und Menschen haben, die nur zusammen funktionieren. Wir bestehen aus einzelnen Zellen. Stirbt ein Teil davon ab, bilden wir neue Zellen. Es schränkt vielleicht eine Weile unser Wachstum ein, doch bilden wir sehr schnell neue Triebe. Tiere und Menschen bluten, wenn sie verletzt sind. Wenn wir Verletzungen erleiden, schotten wir die kranken Zellen ab und wachsen einfach außen rum weiter. Wir bluten nicht aus. So können wir vieles überstehen."*

*Yuven machte große Augen. „Wow, dann seid ihr fast unsterblich. Doch warum sterben so viele Bäume trotzdem?"*

*„Es sind oft andere Umstände, die uns sterben lassen. Je langsamer wir wachsen, desto widerstandsfähiger werden wir. Kleine Bäume, die im Schatten von uns Großen wachsen, brauchen mehr Energie. Wir denken sozial und nehmen nicht mehr selbst so viel auf, damit sie mehr für sich haben. Wenn wir frei stehen und zu schnell wachsen, sind wir anfälliger. Je älter wir werden, desto langsamer wachsen wir und wenn wir uns gegen Verletzungen wehren mussten, sind wir auch anfälliger für Pilzinfektionen und Bakterien. Naja, und den Menschen gibt es auch noch, der unserem Leben oft ein Ende setzt. Doch hab keine Angst, wir Eichen haben ein starkes Immunsystem und wir können bis weit über 1000 Jahre alt werden, wenn die Umstände passen. Wir Bäume sind intelligente Lebewesen. Das Leben*

*beginnt, wenn ein Baum stirbt. Selbst als gefallener Baum bringen wir leben in die Natur. Pilze siedeln sich in uns an und viele Lebewesen des Waldes benötigen unser Totholz für ihr Leben. Wir sind Nahrung und Heimat zugleich, selbst als vergangener Baum haben wir noch einen großen Wert.“* Moja schlug das Buch zu.

„Sag mal, Moja, wenn die Bäume doch so alt werden und so stark sind, warum spricht man dann von Baumsterben?“

Moja verzog das Gesicht. „Malu, Bäume gibt es seit fast 400 Millionen Jahren auf der Erde – Menschen gerade mal seit 200 Millionen Jahren. Bäume sind Sauerstoffspender. Sie filtern die Luft, damit man atmen kann. Ein Laubbaum trägt im Durchschnitt 30.000 Blätter, über die er an warmen Tagen mehrere hundert Liter Wasser verdunstet. Ein ausgewachsener Baum kann in der Stunde ca. 1,7 Kilo Sauerstoff erzeugen. Das reicht für etwa 20 Menschen am Tag. Auch filtert er Schadstoffe aus der Luft.“

„Wow, das ist ja eine Mega-Leistung“, unterbrach Wisal.

Sophia schüttelte den Kopf. „Leider passiert durch das Abholzen und den Klimaeinflüssen folgendes: Es sind immer weniger Bäume da, die die enormen Schadstoffe aus der Luft filtern können, und viele Bäume sind zu schwach und somit werden sie selbst anfällig und krank. Deswegen spricht man vom Baumsterben. Durch die vielen Abholzungen nimmt der Mensch sich seinen Sauerstofflieferanten und seinen Luftreiniger. Dadurch leiden natürlich auch die Bäume, denn auf den Einzelnen kommt nun viel mehr Arbeit zu. Stellt es euch so vor: Wir alle zusammen sammeln Früchte und bald haben wir einen großen Berg davon und alle sitzen wir entspannt danach zusammen und freuen uns darüber. Jetzt stell dir vor, du bist alleine. Du sammelst den ganzen Tag, am Abend bist du erschöpft und ausgelaugt und dein Berg Früchte ist erst halb so groß wie der, den du mit deinen Freunden gesammelt hast. So ist es auch bei den Bäumen. Sie können große Leistung bringen, in Gemeinschaft. Doch sind sie alleine, kostet es viel mehr Kraft und sie werden auch anfälliger, denn sie verlieren zu schnell ihre Energie. Auch lässt man den Wald oft nicht in seiner Urform wachsen. Ein Wald ist eine hochkomplexe Welt. Selbst Todholzbäume senden Moleküle aus, die Feuchtigkeit aus der Luft ziehen. Man müsste den Wald ohne einzugreifen wachsen lassen. Wie Valeska so schön sagte, auch ein gefallener Baum birgt Leben. Nehmt einen dichten Urwald, dort ist so viel Leben. In Österreich, im Nationalpark Kalkalpen, ist der Mensch im Moment dabei, diesen Urwald wieder entstehen zu lassen. Es ist ein tolles Projekt, was sie dort machen. Den Wald in seiner Urform wachsen zu lassen. Es hat sich schon eine riesige Artenvielfalt an Tieren angesiedelt und sogar Luchse gibt es, die dort heimisch geworden sind. Das ist ein großer Erfolg."

Die kleine Aylin wischte sich eine Träne von der Wange. „Ich finde es traurig, dass so ein starker Baum mit so einer lebenswichtigen Aufgabe so wenig geschätzt wird. Doch ich frage mich, ob es wirklich so ist. Denn ich weiß, dass viele Menschen den Baum als Lebenssymbol verehren."

Moja lächelte. „Ja, so ist es, du hast recht. Bei den Menschen gibt es den Begriff Stammbaum oder Lebensbaum. Auch ich habe so einen Lebensbaum. Er symbolisiert meine Familie."

Malu jauchzte auf. „Erzähl mal … das klingt interessant."

„Also, unser Familienbaum stellt für mich schon immer eine große Eiche dar. Warum eine Eiche? Ich denke, weil sie besonders mächtige Wurzeln hat und sehr langlebig ist. Ganz unten am Stamm stehen unsere Wurzeln, meine Urgroßeltern. Dann wächst der mächtige, dicke Stamm empor und bildet die unteren sieben Äste. Diese wiederum stehen für die sieben Kinder, die meine Urgroßeltern bekommen haben. Darunter auch meine Großmutter. Von jedem Ast gehen nun wieder kleine Ästchen weg, die jeden neuen Zuwachs in den Familien verzeichnen. So wuchs unsere Eiche zu einem prachtvollen Baum und zählt nun schon mehr als 100 Jahre. Sicher gibt es auch noch Generationen vor meinen Urgroßeltern. Manche Stammbäume reichen noch viel weiter zurück. Ich bin stolz auf meine Wurzeln, stolz darauf, ein Teil eines so starken Baumes zu sein. Vielleicht lag es auch am blauen Blut, das sich in die Wurzeln mischte, dass dieser Baum besonders kräftig wurde. Deswegen liegen mir die Bäume auch sehr am Herzen und ich liebe den Wald. Wie sollte es auch anders sein, da ich selbst ein Stück von einem Baum bin."

Mirko schaute andächtig zu Moja. „Cool, ein Baum symbolisiert alles an Stärke, Größe und Macht. Er verkörpert wirklich das Leben, egal, ob klein oder groß, er ist Leben in seiner reinsten Form."

Moja strich über den Buchrücken. „Wisst ihr, seine eigenen Wurzeln zu kennen und deren Stärke zu spüren, vermag einen auch zu führen im Leben. Es ist egal, wie viele Äste knacken, denn jeder Ast für sich wächst weiter und verzweigt sich aufs Neue. Familie ist ein Baum, es zählt nicht unbedingt, wie groß er ist, sondern wie tief und stark seine Wurzeln sind. Wollen wir noch ein Stückchen lesen?" Sie schlug den Buchdeckel wieder auf und blätterte einige Kapitel nach vorne. *„Yuven verharrte reglos und dachte über das Gesagte nach. „Sag mir, Valeska, früher war hier ein ödes Land, ohne jegliches Leben, und nun steht hier ein ganzer Wald voller Energie. Wie kann das* *sein? Das verstehe ich nicht.“ Valeska wisperte: „Das ist die Magie der Natur und des Lebens. Pflanze ein Samenkorn und es entsteht etwas Großes daraus. Jedes Samenkorn enthält in sich eine Sehnsucht, die Sehnsucht nach Leben, und das Bestreben zu wachsen. Das kleinste Samenkorn trägt* das große Ganze in sich.[14]“ *Yuven spürte die Magie des Lebens in Valeska. Die mächtige Baumkrone raschelte im Wind, viele Vögel und Tiere huschten durch die Äste. Am Fuße der großen Eiche wuchsen Pilze, Moos und Waldblumen. Um sie herum erstreckte sich ein Wald voller junger Bäume – voller Leben. Ja, dies war ein Lebensbaum, ein Lebenssymbol dafür, dass aus einem kleinen Samenkorn etwas Schönes entstehen kann.“* Moja seufzte. „Also, ich denke, dieses Buch gehört dem Wald. Wisal hat es zwar gefunden, doch mir scheint, es sollte uns wieder daran erinnern, dass alles aus einem kleinen Korn entsteht und wir die Bäume mehr schätzen müssen. Valeska ist unsere Eiche und da wir nun ihren Namen kennen, hat sie an Persönlichkeit noch einmal gewonnen. Leg dieses Buch wieder an die Stelle, an der du es gefunden hast. Du wirst sehen, morgen hat es die Magie des Waldes wieder zu sich geholt.“

Wisal zog die Mundwinkel nach unten. „Und was ist mit meinem Finderlohn?“

Malu seufzte auf. „Wisal, schau dich doch mal um im Wald. Ist es nicht genug Finderlohn, diese tolle Natur, diese kleine Welt, die hier entstand, in der wir leben können? Aus einer öden Landschaft ist etwas so Wundervolles gewachsen. Es verbirgt Leben und Heimat für so viele Lebewesen.“

[14] Friedrich Fröbel

Wisal schaute auf. „Ja, da hast du recht, es ist viel wertvoller als alles andere. Ich bringe nun das Buch wieder zurück und danach besuche ich Valeska.“

Flugs schnappte sich Wisal das Buch und verschwand aus dem Baumhaus. Alle lachten.

„So Kinder und Freunde. Es wird Zeit, dass wir nach Hause gehen“, verkündete Moja. „Heute träumen wir von den mächtigen Riesen des Waldes und von dem kleinen Samenkorn in der Erde. Wir träumen von der Macht des Lebens. Jetzt liegt es an uns Menschen, den Wald wieder in seiner Urform entstehen zu lassen, damit sich die Magie des Waldes wieder entfalten kann.“

Mirko krabbelte bei Sophia ins Gefieder und schon flatterten sie los. An der großen Eiche machten sie Halt. Malu streichelte mit seinem Flügel über den mächtigen Stamm und dann breitete er sie aus und umarmte den Baum. Sophia und Mirko taten es ihm gleich. Am Fuße des Baumes sahen sie Wisal, der den Stamm umschlang. Malu wisperte der Eiche zu: „Valeska, wir spüren dein Leben, wir spüren die Kraft in dir. Du bist die Stärke des Waldes und der Atem des Lebens. Dich lieben wir.“

Noch lange umarmten sie Valeska, die alte Eiche, und nahmen ihre Magie in sich auf.

Habt ihr schon einmal einen Baum umarmt. Nein – dann geht hinaus in die Natur und macht es. Spürt die Magie des Lebens und die Kraft, die der Baum zu geben vermag – die Energie des Lebens.

*Die Augenblicke machen die Freude aus.*

## Außergewöhnlich

Langsam faltete er seine Schwingen aus und öffnete die Augen. Er spürte die hereinbrechende Nacht, wie einen inneren Wecker. Er ließ seine Krallen los und flog durch die unterirdischen Höhlen raus ins Freie. Die Abendsonne versank gerade am Horizont und ein leichter Wind wehte. Er genoss den Flug, erhaschte hier und da ein paar Insekten und flatterte zwischen den Bäumen hindurch in den Wald. Als er von Weitem die große Eiche sah, rief er: „Guten Abend Valeska, reckst du deine Zweige gen Nachthimmel?“ Er hatte heute so ein Glücksgefühl in sich. Ein Zirpen im Körper, eine freudige Schwingung. Malu hatte das Gefühl, laut jauchzen zu müssen. Voller Tatendrang schwirrte er durch den Wald. Als er über die Lichtung flog sah er, dass sich einige Tiere dort versammelt hatten. Er bremste ab und landete mit einer Pirouette auf einem der abgebrochenen Äste, die dort herumlagen. „Hallo, was ist hier denn los?“, fragte er.

Themba, der Wolf, drehte sich zu ihm um. „Guten Abend, Malu, ach, wir haben hier nur ein bisschen diskutiert.“

Malu sah sich um und erspähte Galdur, den Maulwurf, Claudio, den Feuersalamander, Luam, den Dachs, und natürlich Wisal. Als er nach oben sah flogen gerade Imani, der Bussard, und Sophia herbei. Die beiden landeten neben Malu und aus Sophias Gefieder krabbelte Mirko. „Hey, Malu, was bist du heute Abend so schnell an mir vorbeigeflattert ohne Gruß?“, fragte Mirko.

Malu lachte. „Sei nicht böse, ich hatte so ein Gefühl in mir, ganz schnell in den Abendhimmel zu entschwinden. Ich habe dich gar nicht gesehen.“

„Naja nun sind wir hier“, sagte Sophia. „Was macht ihr auf der Lichtung?“

„Also, wir hatten gerade eine kleine Diskussion“, brummte Galdur.“ Die Frage kam auf, wer wohl die schlausten, außergewöhnlichsten und stärksten Tiere sind. Also, ich habe gesagt, das ich außergewöhnlich bin. Denn ich bin ein Maulwurf und ich kann bis zu fünf Meter in der Stunde graben und mein Tunnelsystem erstreckt sich auf mindestens 200 Meter. Das ist schon eine große Leistung für mich kleines Tier.“

Malu überlegte. „Das stimmt und dafür, dass du nicht viel siehst, ist das eine fantastische Leistung.“

Mirko jauchzte auf. „Na dann gehöre ich auch zu den außergewöhnlichen Tieren. Denn meine Spinnenfäden sind fünfmal so stark wie Stahl und dehnbarer als Gummi und dünner als menschliches Haar. Außerdem fördern unsere Spinnenfäden die Wundheilung und werden in manchen Ländern sogar zur Wundabdeckung verwendet. Also das ist schon was Phänomenales.“

Alle staunten. „Wow, das ist ja krass. Dabei sehen sie so fein aus.“ Wisal staunte nicht schlecht.

Themba schnaubte auf. „Ich sehe besonders gut, wir Wölfe schauen in einem Blickwinkel von 250 Grad und ich kann zwei Kilometer weit riechen. Na, was sagt ihr dazu?“

Sophia seufzte. „Sagt mal, wird das hier ein Wettbewerb? Ich finde, jedes Tier ist auf seine Art außergewöhnlich. Doch manche sind schon etwas ganz Besonderes. Wisst ihr, dass ein Regenwurm zu den stärksten Tieren auf der Welt zählt. Sie können das sechzigfache ihres eigenen Körpergewichts stemmen.“

„Naja der wiegt ja auch nicht viel.“

„Malu, du musst das auch im Verhältnis sehen. Ein Mensch mit einem Gewicht von 70 Kilogramm müsste dann vier Tonnen heben, wenn man es mit der Leistung des Regenwurms vergleicht."

Malu verdrehte die Augen. „Ok, ich gebe mich geschlagen, du hast Recht er ist wirklich sehr besonders. Doch dann bist du auch außergewöhnlich, Sophia. Denn du kannst deinen Kopf um 270 Grad drehen, wer kann das sonst im Tierreich?"

Sophia drehte ihren Kopf und alle schauten sie fasziniert an.

„Meine Güte das ist voll krass", staunte Wisal. „Das ist wirklich besonders. Was man damit alles sehen kann, ohne sich groß zu bewegen. Wow, super."

Sophia lächelte. „Ja das ist wirklich toll, wenn man das kann, vor allem bei der Jagd kommt es mir zugute. Doch seht mal, eigentlich hat jedes Tier, je nach seiner Art, ein außergewöhnliches Talent inne. Nehmt mal Basma, den Specht. Er hat eingebaute Stoßdämpfer. Naja eigentlich sind es biegsame Knochen und er kann bis zwanzigmal in der Sekunde hämmern. Dabei erreicht er eine Geschwindigkeit von 25 km/h gegen das harte Holz. Das ist mal total verrückt."

Luam lachte schallend los. „Jetzt weiß ich, warum er manchmal so neben sich steht, sein Gehirn wird ja mächtig durchgerüttelt."

„Das stimmt nicht, er hat sogar ein sehr großes Gehirn, das fast seinen kompletten Kopf ausfüllt, und ganz wenig Hirnflüssigkeit, so kann nichts hinaus schwappen. Also, dass er manchmal etwas neben sich steht, hat damit nichts zu tun."

Allgemeines Gelächter erklang.

„Also, ich finde, wir Tiere sind alle irgendwie außergewöhnlich“, sprach Claudio. „Der eine mehr, der andere weniger, der eine weil es ihm die Natur mitgegeben hat, der andere, weil er es sich vielleicht selbst angeeignet hat. Manchen sagt man deshalb nach, dass sie etwas besonderes sind, weil man es sich einfach nicht vorstellen kann, dass sie solche Leistungen verbringen.“

Themba streckte sich und ließ sich nieder. Er legte seinen Kopf auf die Pfoten und schaute in die Runde. „Mit euch ist es wirklich lustig. Über was ihr euch so Gedanken macht, ist bewundernswert. Jedoch habt ihr Recht, es gibt viele dieser kleinen Helden. Eine Hummel ist viel zu schwer zum Fliegen und ihre Flügel sind viel zu klein und sie fliegt trotzdem, dazu kommt noch, dass sie sogar rückwärts fliegen kann. Gerade kleinen Tieren ist oft etwas Besonderes mitgegeben, damit sie sich auch in der Natur behaupten können. Ein Igel kommt schon mit Stacheln zur Welt, um sich direkt vor Feinden schützen zu können und Bieber können bis zu 45 Minuten die Luft anhalten. Das sind wirklich megatolle Leistungen.“

Malu lachte. „Es stimmt, was Themba sagt, es gibt so viele außergewöhnliche Talente an Tieren. Doch es gibt nur ein flugfähiges Säugetier und das bin ich, die Fledermaus.“

Gemeinschaftliches Stöhnen erklang über der Lichtung. Imani streckte die Schwingen aus. „Malu, dass du wieder einmal aus der Art schlagen musst, ist ja klar. Jedoch bist du wirklich das einzige flugfähige Säugetier, dagegen können wir nichts sagen. Du bist eben besonders außergewöhnlich, denn du bist ja auch Malu.“

Malu kicherte los. „Naja, ich will nicht anderen die Show stehlen. Ich finde, an jedem ist etwas Außergewöhnliches. Der eine macht es mit Stärke, der andere mit Schläue und der andere wieder mit Raffinesse. Jeder hat von Natur aus das mitbekommen in seinen Genen, das ihm im Leben am Besten schützen kann. Was würde Basma stahlharte Spinnenfäden nützen, wenn er nicht weben kann, oder Mirko, dass er zwei Kilometer weit riechen könnte. Jedem ist das für ihn Perfekte mitgegeben worden."

„Ich würde aber auch gerne zwei Kilometer riechen können, und wenn ich so stark wäre wie ein Regenwurm, wäre ich fast ein Dinosaurier", grummelte Wisal.

„Wobei wir wieder bei den Dinosauriern wären. Die sind Gott sei Dank schon lange ausgestorben und ich hätte die nicht gerne hier im Wald rumlaufen", stöhnte Malu.

Themba prustete los. „Wisal, du musst dich so akzeptieren, wie du bist. Auch du hast tolle Fähigkeiten die kein anderer hat. Du stehst auf der Liste der ungewünschten Spezies, das muss man erst mal schaffen."

„Ha ha, echt witzig, als wenn das so schwierig wäre. Man muss nur etwas nervig sein, ein paar Mülltonnen ausräumen und in Menschensiedlungen Chaos anrichten. Dazu gehört kein wirkliches Talent. Naja, sich nicht erwischen zu lassen vielleicht."

Alle johlten und lachten Tränen. Wisal schaute ganz bedröppelt drein.

„Na na, lasst mal Wisal in Ruhe", sagte Imani. „Ich wusste nicht, dass es so eine Liste für ungewünschte Spezies gibt. Eigentlich wundert es mich nicht, denn der Mensch lebt ja mit seinen ewigen Listen. Es gibt für alles eine Liste. Für gefährdete, für schnelle, langsame, große, kleine und ausgestorbene Tiere. Nun gibt es auch eine für Exemplare wie Wisal. Er wird wohl der einzige sein, der bisher darauf steht. Also kann er sich freuen, weil für ihn extra eine Liste angelegt wurde.".

Sophia seufzte. „Leider ist das nicht so. Als unerwünschte Spezies zählen nicht nur Tiere, die auffällig nervig in ihrem Verhalten sind, sondern auch welche, die sich in Gebieten ansiedeln, in denen sie normalerweise nicht heimisch sind. Also hat Wisal schon Kollegschaft, wenn auch mit anderen Absichten."

Malu feixte: „Solange er nicht auf die Liste der ausgestopften Tiere fällt, hat er es mit dieser Liste noch gut erwischt."

„Herrjemine, bist du wieder lustig. Dafür gibt es keine Liste. Doch stell dir mal vor, ich wäre auf der Liste von den ausgestorbenen Tieren, da würdet ihr alle hier sitzen und trauern, weil ich nicht mehr da bin."

Ein betroffenes Schweigen legte sich über die Lichtung. „Wisal, damit macht man keine Scherze, das ist traurig genug, dass diese Liste immer länger wird. Viele Tiere sind schon so lange ausgestorben das man sie gar nicht mehr kennt oder sich an sie erinnert", erläuterte Sophia. „Es ist erschreckend, wie viele Arten es in ihrer Urform nicht mehr gibt. Klar gibt es Nachzüchtungen und Kreuzungen, doch viele in ihrer reinrassigen Form, wie sie zu früheren Zeiten über die Erde wanderten, gibt es nicht mehr."

„Jo, Dinosaurier", kicherte Claudio.

„Lasst doch mal die Dinos weg. Der Auerochse ist schon seid 1627 ausgestorben und die Nachzüchtungen, die auch den Namen tragen sind viel kleiner und sehen auch anders aus. Doch die Urform des wahren Auerochsen ist ausgestorben", erzählte Sophia.

„Ui die geben den gleichen Namen, obwohl er gar nicht den Namen verdient, weil er das gar nicht ist. Was ist das für ein Wahnsinn?", wunderte sich Claudio.

„Naja eigentlich heißt die Nachzucht Heck-Rind, doch weil sie den Urrindern ähneln, sagen alle Auerochsen. Es gab auch mal einen Berberlöwen, der ist auch schon lange ausgestorben. Doch viel schlimmer ist, dass immer mehr Tiere auf die Liste kommen. Nehmt mal den Spinx-Ara, den gibt es nur noch in Gefangenschaft im Zoo. In seinem natürlichen Umfeld ist er nicht mehr zu finden und gilt somit als ausgestorben. Was ja so nicht stimmt, denn es gibt noch Exemplare, jedoch in der Gewalt der Menschen. Man könnte ihn wieder aussiedeln, gewissermaßen."

Themba schnaubte. „Es ist wirklich schrecklich. Wir erleben derzeit das schlimmste Aussterben von Tierspezies seit den Dinosauriern. Da können wir alle froh sein, wenn wir nicht auf dieser Liste stehen. Andersherum jagen sie uns Wölfe und wollen uns nicht in ihren Wäldern haben, dabei sollten sie froh sein, dass es uns noch gibt, denn auch wir waren schon auf der Liste der bedrohten Tierarten. Eigentlich könnten sie uns auch zu Wisal auf die Liste setzen, denn wir sind von vielen unerwünscht."

Malu schaute alle an. „Tja die Klimakrise, die Abholzung unserer Wälder, was den Lebensraum vieler Arten zerstört, jedoch auch Wilderer und Unwissende sind daran schuld. Doch es gibt noch genug Arten auf der Welt, die hart kämpfen um zu überleben. Es ist nur sehr traurig, wenn man hört, dass wieder eine wundervolle, einzigartige Spezies ausgestorben ist. Dazu kommt noch, dass nicht nur Tiere aussterben, sondern auch Bäume und Pflanzen."

Luam, der die ganze Zeit still zugehört hatte, wisperte: **„Wenn die Natur so mit dem Menschen umgehen würde, wie der Mensch mit der Natur, wäre nicht sicher ob der Mensch dann noch am Leben wäre."[15]**

---

[15] umgewandelt Haberstich

Malu atmete tief durch. „Schaut, der Mond verschwindet schon langsam am Horizont. Wir sind von unserem Thema abgewichen. Zuerst ging es um außergewöhnliche Eigenschaften und nun sind wir bei unseren gefährdeten Brüdern und Schwestern angekommen. Doch es ist nie schlimm abzuschweifen, denn gerade das macht ein gutes Gespräch aus, denn wir haben uns alle darauf eingelassen, weil es uns richtig erschien. Wir sollten aufbrechen, doch vorher lasst uns gemeinsam gedenken. Lasst uns an die Arten von uns Erinnern, die vergangen sind und nie mehr zurückkommen. Blickt in den Himmel, dort seht ihr die Lichter der Hoffnung, das Glitzern vergangener Seelen. In unseren Herzen werden sie immer bei uns sein."

Alle schauten in die Sterne, schweigend, tief in Gedanken versunken. Bei dem einen oder anderen sah man, wie sich eine Träne über die Wange schummelte. Die Natur erwachte langsam und die Vögel fingen an, ihr Morgenlied zu zwitschern. Selbst dieses war an der Stimmung unserer Freunde angepasst. Der Wind wehte wie ein Hauch über die Lichtung und man hörte die Blätter der Bäume wispern, als würden sie in das Lied einstimmen. Es war die Stille der Natur, die erklang.

## Reagieren statt ignorieren

Sturm zog übers Land. Den ganzen Tag war es schon regnerisch und dunkel gewesen. Die Sonne kam nicht einmal hinter den Wolken hervor. So begann auch die Nacht, ohne Mond und Sterne am Himmel erschien sie finsterer als sonst. Malu machte am Ausgang der Höhle halt und sah Mirko an, der in seinem Netz hing. „Gruselig, gruselig heute Abend, und der Wind bläst auch recht heftig. So ein schlimmes Wetter hatten wir schon lange nicht mehr."

„Da hast du Recht", stimmte Mirko zu, „es ist wirklich gruselig. Die Sonne hat sich den ganzen Tag nicht gezeigt. So schwarz war die Nacht schon lange nicht mehr. Was hast du vor bei diesem Wetter?"

Malu überlegte. „Ich weiß auch nicht, werde wohl mal zur Siedlung fliegen und schauen, was dort so los ist. Irgendwo wird es ein trockenes Plätzchen geben."

Mirko winkte Malu zu, als er in die Lüfte flatterte und in der dunklen Nacht verschwand. Malu kämpfte gegen Wind und Regen an, als er durch den Wald flog. Am großen Feld sah er Sophia und rief ihr zu. „Sophia, komm mit, ich will runter zur Siedlung."

Sophia erspähte Malu und flog herbei. „Hallo Malu, zur Siedlung? Mir hat man gerade mitgeteilt, dass sich jemand in dem alten Heuschober verirrt hat. Vielleicht ein Ausreißer, lass uns nachschauen gehen, vielleicht braucht jemand Hilfe."

„Ok, ich bin dabei, sehen wir mal nach. Bei diesem Wetter ist es auch nicht ungefährlich, nicht, dass sich ein Kind verirrt hat."

Beide flatterten sie über die Wiese, zu der alten Scheune, die am Waldrand stand. Sie war schon sehr verwittert und barg eigentlich keinen richtigen Schutz mehr. Naja, ein paar Feldmäuse suchten dort ihren Unterschlupf. Sie wurde nicht mehr benutzt vom Bauern. Es lagerte zwar noch etwas Stroh darin, doch es war schon einige Jahre alt. Malu ließ sich durch ein Loch mit kaputten, fehlenden Schindeln gleiten und Sophia huschte hinterher. Auf einem Querbalken ließen sie sich nieder.

„Schau mal, da sitzt ein Kind", flüsterte Malu.

Sophia drehte ihren Kopf und sah nach unten. „Ich sehe es. Wer das wohl sein mag?"

Malu überlegte. „Wenn wir nicht fragen, werden wir es nicht erfahren." Er flatterte näher heran. „Hallo, ich bin Malu, wer bist du und was machst du bei diesem grässlichen Wetter hier?"

Erschrocken sah das Mädchen nach oben. „Huch, euch habe ich gar nicht gehört. Ich dachte, ich bin alleine hier." Malu sah das Mädchen an. Es war schon älter, als es auf den ersten Blick aussah. „Ich bin Dalia und ich habe mich hier vor dem Wetter untergestellt. Dann bin ich wohl eingeschlafen und nun ist es dunkel und ich wollte ausharren bis morgen."

Malu sah sich um und sah einen Rucksack neben Dalia stehen. „Warst du wandern?"

„Naja, so könnte man es auch sagen. Ich wandere schon viele Wochen durch die Welt."

Sophia flog näher. „Viele Wochen? Hast du kein Zuhause?"

Dalia seufzte tief auf. „Zuhause? Was ist das? Mein Zuhause ist die Straße."

Malu schaute ganz entsetzt. „Jeder muss ein Zuhause haben. Du hast doch sicher Familie oder Freunde, bei denen du bleiben könntest."

„Ich hatte Familie, doch sie sind schon lange nicht mehr da und Freunde findet man keine auf der Straße.“

„Das verstehe ich nicht. Die Menschen sorgen doch füreinander.“

Dalia verzog das Gesicht. „Klar gibt es Möglichkeiten, es gibt Kinderheime und Heime für Obdachlose, wo man unterkommen kann. Sie meinen es auch gut dort, doch für mich ist das nichts.“

Sophia schaute Dalia an. „Ich denke mir, dass dies eine Einstellungssache ist. Du bist doch sicher so auch nicht glücklich. Alleine, ohne Heimat, ohne Freunde, immer im Kampf das Leben zu überleben.“

„Es ist schön, dass ihr Interesse an mir zeigt, denn das tut sonst keiner. Ich will euch meine Geschichte erzählen, vielleicht versteht ihr mich dann besser.“ Dalia räusperte sich. „Meine Eltern waren dem Alkohol sehr zugeneigt und stritten sich ständig. Wir wohnten in einer kleinen Wohnung. Doch wir hatten nicht viel und das Wenige, das wir hatten, gaben sie für Alkohol aus. In der Schule wurde ich gehänselt, weil ich immer alte und dreckige Klamotten anhatte und als Alkokind bezeichnet wurde. Egal, wie nett ich war, ich wurde nur nach meinen Eltern bewertet. Ich fing an, die Schule zu schwänzen. Denn es machte mir keinen Spaß, mich ständig auslachen zu lassen. Die Schulbehörde sprach meine Eltern an, doch sie schimpften nur kurz und schon war ich wieder vergessen. Manchmal, wenn ich zurückdenke, glaube ich, dass sie mich gar nicht mehr wahrnahmen. Ich war zwar da, doch ein Niemand. Nicht Interessant genug.“

Malu räusperte sich. „Also, ich finde dich interessant.“

Dalia lächelte. „Das freut mich. Doch zu dieser Zeit, damals, war es für mich die Hölle auf Erden. Ich zog mich in mein Inneres zurück. Sprach nicht mehr viel, nahm alles schweigend hin. Eines Tages kam ich nach Hause und ein Rettungswagen und die Polizei standen davor. Ich schlich langsam näher und hörte, wie einer der Nachbarn erzählte, dass sie es endlich hinter sich gebracht hätten und nun Ruhe im Haus einkehren würde. Aus dem Haus wurden zwei Bahren gefahren und ich wusste, dass dies der Abschied von meinen Eltern war. Ich horchte in mich und fühlte nichts. Ich drehte mich einfach um und ging. Die erste Nacht verbrachte ich in einem Abrisshaus. Ich fragte mich: Suchen sie mich? Vermisst mich jemand? Komme ich nun in eine tolle Familie? Werde ich nun geliebt? Am Tag darauf ging ich zur Schule. Die Lehrerin sprach mir ihr Beileid aus, doch sie fragte nicht, wo ich nun wohnen würde oder wer für mich sorgte. Meine Klassenkameraden gingen mir aus dem Weg, denn sie wussten nicht, wie sie mit der Situation umgehen sollten. Am Nachmittag verließ ich die Schule und schaute nicht mehr zurück. Ich lief einfach los. Irgendwie fühlte ich mich frei, doch auch unendlich einsam. Ich traf viele Menschen, die mich kannten, und alle sagten sie ein paar Worte zu mir. Meistens, ach du armes Kind oder sei froh, dass du sie los bist. Doch sie sahen mich nicht wirklich. Keiner fragte mich: Wo wohnst du jetzt? Wer kümmert sich um dich? Hast du Hunger? Wie fühlst du dich? Ich ließ das alles hinter mir, der Weg vor mir erschien wie eine Reise ins Glück. Als ich aus der Stadt rauskam, nahm ich die Vögel und die Natur wahr. Ich roch das Leben und die Freiheit. Ich pflückte mir ein paar Beeren und in meinem Rucksack befand sich noch ein Stückchen Brot, das ich essen konnte. Ich rannte über die Wiesen und umarmte die Bäume. Als die Nacht hereinbrach, suchte ich mir einen Unterschlupf und am Tag darauf ging ich weiter. Wohin, war mir egal. Ich wollte nur leben.“

Sophia seufzte tief auf. „Dalia, hat dich niemand gesucht? Es muss dich doch irgendwann jemand vermisst haben. Ich finde es erschreckend, dass Menschen so oberflächlich sehen. Schon in der Schule hätten sie sich deiner annehmen müssen. Sie haben zwar viele Kinder zu betreuen, doch ich finde, man sollte sich bei vielen auch ein wenig mehr Hintergrund beschaffen, um sie zu verstehen. Wenn ein Kind leidet, nicht richtig folgt oder auffälliges Verhalten an den Tag legt, sollte man der Sache nachgehen. Es ist nicht immer das Kind, das daran schuld ist, oftmals machen die Umstände es dazu. Auch die Menschen in deinem Umfeld. Sie sahen, dass deine Eltern nicht perfekt waren, doch keiner machte sich Gedanken, was mit dir ist.“

Dalia lachte auf. „Ach, das Jugendamt war oft da, doch sie ermahnten meine Eltern nur und waren wieder weg. Denn ich war nicht in Gefahr, ich ging zur Schule und hatte was zu essen und geschlagen haben sie mich auch nicht. Mehr brauchte es nicht. Ob ich glücklich war oder geliebt wurde, das interessierte nicht.“

Malu schaute genervt. „Man muss dich doch suchen. Sie wissen doch, dass es dich gab. Warum haben sie dich noch nicht gefunden?“

„Das frage ich mich auch. Ich gehe durch viele Ortschaften und ich sage auch meinen Namen. Ab und an verbringe ich eine Nacht in einem der Obdachlosenhäuser. Ich denke mir, sie haben mich aufgegeben. Die ersten Wochen verbrachte ich viel in der Natur, bevor ich wieder eine Stadt besuchte. Einmal erkundigte ich mich sogar, wo meine Eltern beerdigt waren. Doch keiner fragte mich, wo und bei wem ich nun lebe.“

Sophia sah auf. „Wie lange bist du schon unterwegs?"

„Seit drei Jahren ziehe ich durchs Land. Manchmal sehne ich mich nach einem Zuhause, einem Heim, in das ich mich zurückziehen kann, doch dann sehe ich die Schönheit hier draußen und denke mir, was brauche ich Wände, wenn ich Bäume habe? Nun bin ich eh schon zu alt, um in ein Kinderheim zu können. Ich kann es nicht verzeihen, dass sie mich ignoriert haben. Sie verstanden mich nicht – Keiner – sie sahen nur das arme, dreckige Mädchen, das Alkoholiker als Eltern hatte. Sie sahen nicht meinen Schmerz, meine Einsamkeit, meine Gefühle. Sie sahen nur mein Äußeres, mein Inneres war ihnen gleich. Hätten sie mein Inneres an sich herangelassen, hätten sie handeln müssen. So konnten sie sich ohne schlechtes Gewissen zurücklehnen."

Malu sagte leise: „Es liegt in der Natur des Menschen, die Augen vor Leid zu verschließen. Funktioniert ein Kind nicht nach dem normalen Schema, ist es hyperaktiv oder einfach schlecht erzogen. Jeder spricht über den anderen, doch keiner sieht tiefer und erkennt, was oftmals wirklich los ist. Es gibt so viele Straßenkinder auf der Welt, jeder sieht das Leid und denkt bei sich, das arme Kind. Doch keiner meldet es oder spricht es an."

Dalia überlegte. „Naja, ein Straßenkind bin ich nicht direkt, denn ich halte mich mehr in der Natur auf. Doch auch, wenn ich einmal in der Stadt bin und bettle oder um einen Euro bitte, fragt mich keiner, woher ich komme oder warum ich das mache. Entweder sie haben Mitleid und geben mir was oder sie gehen schweigsam vorüber, ignorieren mich einfach. Nicht alle leben aus eigenem Entschluss auf der Straße. Egal, ob Kinder oder Erwachsene, hinter jedem steht ein Schicksal. Es gibt auch welche, die gerne Hilfe annehmen würden, sich jedoch nicht trauen und vor allem nicht wissen, was es für Möglichkeiten gibt. Es wäre wichtig, dass mehr Menschen die Augen öffnen. Nicht einfach ignorierend vorübergehen. Nicht alle Obdachlosen sind schlechte Menschen. Es gibt auch welche, die einfach keine andere Wahl hatten. Man erwartet nicht, dass sie einen mit nach Hause nehmen. Jedoch einfach mal nachfragen oder, wenn es sehr auffällig ist, ein Kind zum Beispiel, es auch zu melden bei den zuständigen Stellen. Ich habe dieses Leben freiwillig gewählt und fühle mich gut dabei. Irgendwann werde ich den Entschluss fassen, wieder zurückzugehen, doch noch ist es nicht so weit. Doch viele in meiner Situation, die weitaus Schlimmeres erlebt haben, hätten gerne Hilfe."

Sophia nickte. „Du hast Recht. Der Einzelne muss sehen. Man kann sich nicht immer auf die Behörden verlassen und sie sind auch nicht überall. Oftmals sind auch sie froh, wenn sie einen Hinweis bekommen, wo einer Hilfe braucht. Ignorieren oder mit Mitleid reagieren ist falsch. Obdachlose haben natürlich auch einen schlechten Ruf. Sie gelten als dreckig, als Diebe, als Gesindel, keiner möchte sie haben. Doch auch hier muss man den Einzelnen sehen, nicht alle sind schlecht, einige sind einfach von der Straße des Lebens abgekommen und finden alleine nicht mehr zurück."

„Dalia, dein Schicksal hast du gut gemeistert", fand Malu. „Denn du bist deinen Weg gegangen, hast nicht aufgegeben und hast ein Ziel vor Augen. Vielen geht es nicht so. Sie haben diese innere Stärke nicht. Wenn ein Einzelner sich deiner angenommen, sich für dein Inneres interessiert hätte, wären die letzten drei Jahre anders verlaufen, denn dann gäbe es ein Zuhause für dich."

Dalia lächelte. „Malu, wir wissen erst, wie unser Lebensweg verläuft, wenn wir ihn gehen. Was wir daraus machen, liegt an uns selbst. Ich bin stark, doch andere sind das nicht. Man darf nicht immer von sich ausgehen. Die Psyche ist etwas Tiefgründiges, Eigenartiges. Einer schafft es alleine, der andere nicht. Einfach mit offenen Augen und Herzen durch die Welt spazieren. Mehr bedarf es nicht." Dalia schaute beide an**. „Achtsam durchs Leben gehen. Beobachten, etwas wahrnehmen, von etwas Kenntnis nehmen und auch reagieren statt ignorieren, das ist der richtige Ablauf"**, sagte Malu. „Du, Dalia, wirst deinen Weg gehen. Bald werden wir dich wiedersehen und dich in deinem Zuhause besuchen. Ich denke, das dauert nicht mehr lange. Doch wir akzeptieren es, dass du noch keine Hilfe annehmen möchtest, denn auch das gehört dazu, dass man jemandem die freie Wahl lässt. Wir bleiben in Gedanken bei dir und wünschen dir einen schönen Weg", sprach Sophia.

Malu flatterte los. Der Morgen brach herein und die Wolken hatten sich verzogen. Sophia folgte sogleich und beide flogen in die Morgendämmerung. Dalia trat aus der Scheune und sah ihnen nach. Sie dachte so bei sich: *Oftmals reicht ein Gespräch und Interesse, um die Last vom Herzen zu nehmen und eine Entscheidung zu treffen.* Mit diesem Gedanken machte sie sich auf dem Weg, auf die Suche nach Hilfe und einem Zuhause.

***Fakten:*** *Bis zu 2500 Kinder und Jugendliche ab 12 Jahren geraten in Deutschland jährlich zumindest zeitweise auf die Straße. Sie sind von Zuhause rausgeflogen, abgehauen oder aus Pflegefamilien oder Jugendhilfeeinrichtungen abgängig. Die Zahl der jungen Volljährigen liegt um min-*

*destens das Zehnfache höher. Während die meisten Ausreißer nach sehr kurzer Zeit wieder zurückkehren oder gefunden werden, trifft das Schicksal etwa dreihundert Minderjährige pro Jahr hart: Sie werden zu Straßenkindern.* ***Dennoch:*** *Sie träumen von Geborgenheit und wollen nicht dauerhaft auf der Straße leben. Sie sind häufig unauffällige junge Menschen, stammen aus allen Gesellschaftsschichten, finden sich nicht nur bei bunthaarigen Punks und möchten wieder zur Schule gehen oder eine Ausbildung beginnen. Meist haben sie sensible Charakterzüge. Viele kommen aus ländlichen Gebieten und suchen ihr Glück in der Anonymität der Großstädte. Quelle: (offroadkids)*

*Melden von Hilfsbedürftigen unter 110 / 112*

*Nummer gegen Kummer 116 111 – damit es gar nicht erst dazu kommt.*

## Winterschlaf im Klimawandel

Geheimnisvoll hallt jeder Tropfen, der in die Wasserlache am Ende der Höhle fällt. Hier in den Höhlen liegt die Temperatur bei wenigen Graden über Null das ganze Jahr hindurch. Kopfunter in seine Flügel eingewickelt hängt Malu an einer Felsritze. Seine innere Uhr sagt ihm, wenn die Nacht erwacht und es Zeit ist aufzuwachen. Er reckte zuerst seine Schwingen und sein Herzschlag beschleunigte sich. Malu sah sich in der Höhle um, hörte das Tropfen des Wassers und nahm die Nähe von Mirko wahr, der gegenüber ein Netz webte. „Mirko, was machst du heute in der Höhle? Ist draußen schlechtes Wetter?“

„Oh Malu, ich habe mir nur die Zeit vertrieben, bis du erwachst. Mir war langweilig draußen und ich habe dort schon genügend Netze gewebt.“

Malu flatterte zu Mirko. „Ich muss erst meinen Energiehaushalt erneuern, dann komme ich zurück zu dir. Warte doch am Eingang auf mich.“

Flugs flog Malu aus der Höhle und fing sich einige Falter und Käfer. Die Abenddämmerung ging in die Nacht über und das Firmament erstrahlte von abertausenden Sternen. Wieder war es ein einzigartiger Abendbeginn. Er ließ diese Emotionen auf sich wirken, flatterte zurück zu Mirko und landete auf den Felsvorsprung vor der Höhle. Mirko baumelte an einem seiner Fäden herab. Lautlos flog Sophia herbei. Es war prächtig zu beobachten, wie sie heranschwebte und sich anmutig niederließ. „Guten Abend, ihr zwei. Genießt ihr auch diese wunderschöne Abenddämmerung?“

Mirko lachte. „Jeder Abend birgt so eine Faszination und ist immer einzigartig. Heute sieht man die Sternbilder so genau. Es wird eine tolle Nacht werden.“

Malu seufzte. „Es ist wirklich schön. Schade nur, dass ich nicht das ganze Jahr dieses abendliche Phänomen bestaunen kann. Bald ist es wieder soweit und ich werde in den Winterschlaf versinken. Mir kommen die Monate des Wachseins so kurz vor. Was könnte ich noch alles erleben, wenn ich das ganze Jahr bei euch wäre?“

Sophia schmunzelte. „Du bist eben eine Fledermaus und diese halten Winterschlaf. Das liegt in deiner Natur. Du lebst auch hier bei uns und deine Höhle gibt dir viel Schutz, sodass du viele Jahre bei uns sein kannst. Andere haben dieses Glück nicht, denn sie haben keinen so tollen Unterschlupf und ihre Lebenserwartung ist sehr gering.“

„Du hast Recht, ich muss froh sein, sicher werde ich bei eurer guten Pflege 30 Jahre alt. Da habe ich noch einige Jahre vor mir“, kicherte Malu.

Mirko schwang an seinem Faden hin und her. „Sag mal, Malu, wie ist Winterschlaf?“

Malu schaute überlegend. „Wie Winterschlaf ist? Naja, ich schlafe, wie soll er sein?“

Sophia schaute beide an. „Was Mirko sicher meint, ist, was passiert, dass du so viele Monate verschläfst. Also, ich kann euch dazu etwas erzählen.“

Mirko freute sich. „Mach das, du bist eine weise Eule. Erzähl uns etwas über den Winterschlaf.“

Sie machten es sich bequem und Sophia fing an zu erzählen. „Zuerst einmal müsst ihr unterscheiden zwischen Winterschlaf, Winterruhe und Winterstarre. Doch dazu gleich mehr. Erst mal zu dir, Malu. Du hältst Winterschlaf als Fledermaus. Wenn der Herbst langsam beginnt, erhöhst du deinen täglichen Bedarf an Futter und frisst dir sozusagen Winterspeck an. Wenn die Tage kürzer werden, sagt dir dein Jahresrhythmus, sobald du genug Fettpolster angesetzt hast, das es Zeit ist, schlafen zu gehen. Dann ziehst du dich in die Höhle zurück. Deine Körpertemperatur und deine Körperfunktionen fallen drastisch ab. Wenn du wach bist, schlägt dein Herz in der Minute zwischen 250 und 450 mal. Im Winterschlaf nur 18 bis 80 mal. Also schon megakrass. Auch deine Körpertemperatur sinkt von 36 Grad auf 8 Grad herunter und zwischen zwei Atemzügen können schon mal 60 bis 90 Minuten vergehen. Man kann eigentlich sagen, dass ein Tier im Winterschlaf dem Tod näher ist als dem Leben."

Malu schaute ganz entsetzt. „Da kann ich ja froh sein, dass ich nicht erfriere und jedes Jahr wieder erwache."

„Naja, du hast natürlich auch ein Warnsystem in deinem kleinen Körper. Wenn deine Temperatur enorm sinkt, springt sozusagen dein Thermostat an und gibt das Signal zum Nachheizen. Das geht natürlich auf deine Kraftreserven, deshalb ist es wichtig, dass du dir genug anfutterst, bevor du dich in den Winterschlaf begibst. Außerdem halten dich deine Schwingen warm, die du wie einen Mantel um dich schlingst."

„Wow, ich bin ein Phänomen. Ich habe ein eingebautes Thermostat, das ist echt cool. Siehst du, Mirko, nun hast du deine Antwort."

„Das ist echt krass. Im Frühjahr wachst du dann einfach wieder auf, wenn es dir deine innere Uhr sagt. Phänomenal, das ist cool."

Sophia plusterte sich auf. „Wenn er Glück hat, dann ja. Leider ist es vielen nicht bestimmt. Durch den Klimawandel und die milden Winter erwachen Tiere im Winterschlaf zu früh und das kann schlimme Folgen haben. Wenn es zu mild ist im Winter, denkt der Körper, es ist schon so weit. Für Malu wäre das tödlich. Er benötigt alleine 30 bis 60 Minuten, um seinen Körper wieder in den Normalbetrieb zu bekommen und dazu verbraucht er alles an Energie, was er noch an Reserven hatte. Fliegt er dann zu früh raus, gibt es noch keine Nahrung, damit er seinen Energiehaushalt wieder auffüllt, also würde er verhungern. Die warmen Winter sind für viele Winterschlaf haltende Tiere eine große Gefahr. Wenn ein Igel auf Grund der zu warmen Temperaturen erwacht, findet er auch oft keine Nahrung und ohne den aufmerksamen Menschen würde er verhungern."

„Mmh und was hat es mit der Winterruhe und der Winterstarre zu tun?", fragte Malu.

Sophia lächelte. „Also, es gibt Tiere, die halten Winterstarre. Überwiegend sind das Amphibien und Reptilien. Ihr Körper passt sich den Außentemperaturen an und fällt sozusagen in Kältestarre, sie können selbst aktiv nichts für ihren Wärmehaushalt tun. Wenn sie einem milden und feuchten Winter ausgesetzt sind, gerät ihr ganzer Haushalt durcheinander. Durch Feuchtigkeit kann das zu Schimmelbildung und somit zu Krankheit führen. Sie verkriechen sich meist ins tiefe Unterholz und in Erdspalten und Ritzen. Der Frost und auch der Schnee hält sie warm und trocken. Kommt jedoch Wärme und Nässe, besteht große Gefahr, dass sie krank werden und sterben. Denn ihr Körper ist auf Winter eingestellt."

Mirko wischte sich verstohlen eine Träne weg. „Ich mag gar nicht fragen, doch was ist Winterruhe?"

„Winterruhe? Die halten viele andere Tierarten wie Eichhörnchen, Biber, Dachse und Bären. Sie wachen immer wieder mal auf, um zu fressen oder sich um zu lagern.

Trotzdem spart ihr Körper viel Energie, weil sie sich ja weniger bewegen."

„Super, dann haben sie es ja gut erwischt", meinte Malu. „Denen kann egal sein, ob Winter ist oder nicht."

„So einfach ist das auch nicht. Denn sie sind genauso in Gefahr. Wenn die Eichhörnchen ihr Futter bunkern für den Winter, ist es wichtig, dass es trocken und kalt gelagert wird. Ist der Winter zu warm und zu feucht, verschimmeln die Nüsse und die Nahrung ist nichts mehr wert. So kommen sie auch in Not, denn es gibt keinen natürlichen Nachschub. So sind sie auf den Menschen angewiesen, der ihnen Futter zur Verfügung stellt."

Malu schüttelte sich. „Also dieser Klimawandel ist wirklich eine große Gefahr. Wenn es hier immer wärmer wird, müssen sich die Arten von Tieren, die im Winter Kälte zum Überleben brauchen, eine neue Region suchen. Vielleicht die hohen Berge, wo es noch Schnee gibt."

„Leider ist es wirklich so, dass sich durch die Klimaverschiebung immer mehr heimische Arten neuen Lebensraum suchen müssen. Allerdings zieht es natürlich auch Tiere von anderen Regionen zu uns. Doch so einfach, wie es klingt, ist es nicht. Nicht jedes Tier hat die Kraft, so weit zu reisen, um sich eine passende Region zum Leben zu suchen. Viele wechselwarme Tiere, wie Frösche, Kröten, Reptilien fallen im Wasser in Winterstarre. Sie haben im Gegensatz zu deinem Thermostat ein Frostschutzmittel im Körper. Sie sind von ihrer Natur aus auch so programmiert, dass sie immer wieder den gleichen Teich zum Laichen aufsuchen. Sie würden gar keine andere Möglichkeit haben, sich umzusiedeln, denn es zieht sie wie ein eingebauter Magnet wieder zurück."

„Die Natur und Tierwelt sind schon wirklich faszinierend. Jedes Tier in seiner Heimat ist von Natur aus mit dem ausgerüstet, was es zum Überleben braucht. Wenn sich nun die Heimat verändert, müsste sich doch auch die Natur der Tiere verändern?“, fragte Malu.

Sophia seufzte. „Malu, wenn das so einfach wäre. Klar gibt es Tiere, die sich anpassen können. Doch bis sich ihr Körper und auch ihre innere Natur soweit umgestellt haben, dass sie mit einem neu entstehenden Klima klarkommen, lassen viele dabei ihr Leben. Gerade jetzt in Zeiten des extremen Klimawandels ist es sehr wichtig, achtsam durch die Natur zu gehen aufzupassen und genau hinzusehen, ob ein Tier Hilfe benötigt.“

„Klimawandel, Klimawandel, ich kann es bald nicht mehr hören“, stöhnte Mirko. „Enorme Hitze, keine Kälte, Unwetter und dann wieder extreme Dürre. Das ganze Wetter spielt verrückt. Ich habe mal gehört, das liegt an einem Loch im Himmel, das die Menschen gemacht haben. Echt irre, da bohren sie einfach ein Loch in den wunderschönen Himmel.“

Malu verdrehte die Augen. „Mensch, Mirko, das weiß ich sogar, das ist ein Ozonloch. Die Erde ist von einer Ozonschicht umgeben, diese filtert sozusagen die UV-Strahlen des Sonnenlichts, dass es nicht zu heiß auf die Erde trifft oder, sagen wir, dass das Sonnenlicht davon absorbiert wird. Diese Schicht ist kaputt, so kommen UV-Strahlen der Sonne auf die Erde und das ist für viele Pflanzen, Tiere und sogar Menschen gefährlich und verändert auch das Wetter. Durch die Treibhausgase und viele Schadstoffe und Gifte, die der Mensch in die Luft entlässt, ist es entstanden. Diese verschiedenen Schadstoffe haben sozusagen diese Ozonschicht an einigen Stellen aufgelöst. Der Himmel ist noch da, nur diese schützende Schicht ist eben stellenweise kaputt.“

Mirko verzog die Nase. „Ups, also kein richtiges Loch. Doch auch das ist ein Grund für den Klimawandel. Das steht fest.“

Sophia atmete tief durch. „So ist es, doch es kann viel getan werden. Das Ozonloch und der Klimawandel haben nun begonnen, man kann ihn nicht wirklich aufhalten, doch man kann ihn verlangsamen, eigentlich auch aufhalten, damit sich die Natur wieder regeneriert und vor allem nicht noch mehr angegriffen wird. Ich erkläre es euch mal so. Ihr kennt den schönen Steinkrug bei Zacharias auf der Veranda. Vor einiger Zeit hat Wisal ihn umgeschmissen und er zerbrach in einige Teile. Lynn hat ihn wieder zusammengeklebt und nun steht er an der gleichen Stelle. Er wird nie mehr so sein, wie er war. Auch wird er nie mehr das Wasser halten. Doch er erscheint auch mit Rissen noch wunderschön, nur dass man nun vorsichtiger mit ihm umgehen muss. Also, ihr seht, man kann etwas Kaputtes wieder zusammenfügen, es wird nie mehr so sein, wie es einmal war. Doch mit etwas Pflege, Umsicht und Rücksicht kann es uns noch viele Jahre erfreuen.“

Malu lächelte. „Ja und mit Liebe. Denn Lynn liebt diesen Krug. Er war ihr so wichtig, dass sie sich die Mühe machte, ihn wieder zusammenzusetzen. So wichtig sollte allen die Natur sein. Lasst sie uns wieder zusammensetzen und hegen und pflegen mit viel Achtsamkeit und Liebe. Denn wenn wir etwas lieben, dann halten wir es auch in Ehren.“

Sophia und Mirko schauten Malu mit großen Augen an. „Das hast du so schön gesagt. Die Natur braucht jeden Einzelnen von uns und vor allem braucht sie unsere Liebe.“

Malu jauchzte auf. „Kommt, wir fliegen noch zu Valeska. Lass uns einen Baum umarmen und Liebe geben."

Alle drei machten sich auf dem Weg. Sie machten auf vielen Bäumen halt, um sie zu umarmen. Einfach so, weil ihnen gerade danach war.

## Was uns Tieren geschieht…

Bizarre Farben erschienen am Firmament, als sich die Abendsonne herabsenkte. Mirko webte Netze am Höhleneingang. Gerade am Abend wenn sich das Licht darin brach, verfing sich der eine oder andere Falter darin und sicherte ihm sein Überleben. Malu flatterte herbei und bestaunte die Kunstwerke.

„Mirko wenn es jetzt noch regnen würde, wären die Netze perfekt", fand Malu.

Mirko lachte. „Perfekt sind sie jetzt schon. Doch Regen würde sie glitzern lassen, das finde ich immer total schön anzusehen. Was hast du heute vor?"

Malu überlegte. „Ich schaue mal, was so los ist. Zuerst einmal zu Valeska. Mal sehen, wen ich da treffe."

Flugs flog er auch schon los, der Abendsonne entgegen, die sich herabsenkte. Der Wald erstrahlte in seiner ganzen allabendlichen, magischen Pracht. Vorbei an den großen Giganten tauchte er ein in die Wunderwelt des Waldes. Von Weitem sah er schon, dass sich einige auf Valeska versammelt hatten. Imani, der Bussard, Alvin, der Eichelhäher und auch Sophia war da. Er flatterte hinzu und landete auf einem der großen Äste. „Guten Abend. Was gibt es Neues?", fragte er.

Sophia schüttelte den Kopf. „Ach, Malu, Saira, das Eichhörnchen ist krank. Georg hat sie mitgenommen und hofft, er kann ihr helfen. Er wollte sie zu einem Tierarzt bringen."

„Oh, was hat sie denn? Ist es schlimm?"

„Es sind wohl diese Eichhörnchenpocken, die neu entdeckt wurden", sagte Alvin. „Wo sie sich die eingefangen hat, wissen wir nicht. Jedoch sagte Georg, dass es wohl heilbar wäre. Hoffen wir das Beste."

Alle saßen sie schweigend da und waren in Gedanken bei Saira. Sophia atmete tief durch. „Es ist schrecklich, was für Krankheiten über uns Tiere herfallen. Immerzu kommt etwas Neues. Denkt mal an Claudio, den Feuersalamander. Er war wirklich stark, als er diese Pilzkrankheit überlebt hat, doch fast 90% seiner Artgenossen starben. Es war so extrem, das man schon befürchten musste dass die Salamander aussterben."

Malu seufzte auf. „Weißt du, da muss ich wieder dran denken. Alles, was uns Tieren geschieht, wird auch den Menschen geschehen. Ich habe erst die Tage gehört, dass unter den Menschen ein neuer Virus ausgebrochen ist. Sie nennen ihn den Coronavirus und im Ausland sind schon viele Menschen daran gestorben. Nun haben sie Angst, dass es sich ausbreitet."

„Ja, das stimmt", nickte Sophia. „Ich habe auch gehört, dass er von Fledermäusen übertragen wird, also achte auf dich, Malu."

„Ha, das war ja klar, dass sie wieder einen Schuldigen bei uns suchen. Wenn sie uns einfach in Ruhe lassen würden, wäre gar keine Gefahr da. Wir haben selbst mit Krankheiten zu kämpfen. Wie viele von uns sterben durch Pestizide und Umweltverschmutzung. Denkt mal an die Tiere, die uns Sleipnir, der Pegasus, gezeigt hat. Nach dieser Ölkatastrophe verendeten viele Vögel und Wassertiere. Die wenigen, die überlebt haben, verbringen ein qualvolles Dasein mit den Giften im Körper."

Imani hob den Flügel. „Auf einem meiner Streifzüge habe ich gehört, dass in der Nord- und Ostsee viele Robben gestorben sind. Sie haben eine Influenza oder so gehabt.

Das einzige, was der Mensch machen konnte, war, die betroffenen Tiere zu erlösen. Es ist schrecklich. Jetzt ist wieder mal ein neuer Virus unter den Menschen ausgebrochen und schon sind wir Tiere daran schuld. Doch du hast vollkommen recht, Malu. Das, was uns Tieren geschieht, wird auch den Menschen geschehen. Nur haben sie das selbst noch nicht begriffen. Wir können nicht hingehen und sagen: *Hey, wir haben wieder einen neuen Virus, durch die Umweltverschmutzung.* Uns versteht ja keiner."

„In Kasachstan sind 20.000 Saiga-Antilopen gestorben", erzählte Sophia. „20.000, stellt euch das mal vor. Sie haben sich einen Infekt eingefangen und starben innerhalb von wenigen Tagen. Wenn man das mal mit diesem Coronavirus vergleicht, der bei den Menschen ausgebrochen ist, ist das gar nicht zu vergleichen. Doch wir sind nur Tiere. Nicht wichtig auf diesem Planeten. Wenn uns ein Virus oder eine Krankheit befällt, ist es eben so. Man hat höchstens noch Angst, dass wir den Menschen anstecken können. Doch welcher Mensch hat Angst, das er uns Tiere ansteckt mit seinen Krankheiten?", erwähnte Malu. „Es ist wirklich erschreckend. Es kommen immer mehr Seuchen über die Welt. Könnt ihr euch noch an die Schweinepest und den Rinderwahn erinnern? Das war auch so eine schlimme Seuche und nun spricht keiner mehr davon. Möchte wissen, ob diese Seuchen nun ausgestorben oder nur in Vergessenheit geraten sind. Es ist immer so, wenn etwas neu entdeckt wird. Erst wird ein Schuldiger gesucht, dann eine große Panikmache und am Ende verläuft es sich im Sand." Sophia schüttelte den Kopf. „Wisst ihr, das erschreckende dabei ist, dass keiner darüber nachdenkt, warum und wieso so viele Krankheiten ausbrechen. Durch erhöhte menschliche Aktivitäten entsteht eine immer größere Schnittstelle zwischen Mensch, Tier und Umwelt, an der sich Krankheiten übertragen können. Viren verändern sich so schnell, das macht ihre Ausbreitung unvorhersehbar. Die vielen Schadstoffe, die über die Natur hereinbrechen und unsere Nahrung vergiften, gehen wieder zurück zum Menschen. Durch die Erderwärmung und die Eisschmelze werden so viele fremdartige Bakterien freigesetzt, die dem Menschen noch total unbekannt sind. Das ist so eine große Gefahr und es liegt alleine an der Klimaerwärmung und am Ozonloch. Diese freigesetzten Bakterien sind weder erforscht noch entdeckt und bis hier ein Gegenmittel hergestellt wird, das dauert Jahrzehnte. Im Mittelalter gab es die Pest, die viele Menschen den Tod brachte. Heute weiß man, dass sie durch Ratten und Flöhe ausgelöst wurde. Durch die fehlende Hygiene. Damals gab es ja noch keine Kläranlagen und Kanalisationen. Somit haben sich diese Tiere mit den Fäulnisbakterien angesteckt und diese Infektionsbakterien wieder zurück zu den Menschen getragen und dort sind sie dann mutiert. Das Beste ist, dass der Mensch glaubt, wenn er Vegetarier wird und kein Fleisch mehr isst, bleibt er gesünder. Stellt euch mal vor, der Wolf würde nur noch Gemüse knabbern. Das liegt doch gar nicht in seiner Art. Auch der Mensch isst schon seit jeher Fleisch. Ich sage nur Jäger und Sammler."

Malu verdrehte die Augen. „Vegetatschier, was ist das denn?"

Imani prustete los. „Nicht Vegetatschier sondern Vegetarier. Das sind Menschen die kein Fleisch mehr essen, nur noch Grünzeug, weil sie die Tiere lieben und sagen, Fleisch ist ungesund."

„Naja wenn sie meinen, dass das Grünzeug, das mit den Umweltgiften versehen ist, besser ist, dann sollen sie es tun.“

„Malu, sie bauen extra Gemüse biologisch an, ohne Schadstoffe. Es gibt sogar Statistiken die sagen, dass diese Vegetarier gesünder leben. Doch sie vergessen, dass diese Bakterien in der Luft sind. Es klingt hart, doch keiner kann sich davor retten, wenn so ein Virus eintritt. Er muss lernen, sich dagegen zu rüsten und sich soweit schützen, wie es dem Einzelnen möglich ist“, sagte Sophia.

„Statistiken hat der Mensch ohne Ende. Gibt es auch eine Statistik, die überprüft hat, wie viele Vegetarier weniger von diesen verschiedenen Viren betroffen sind als die Fleischesser? Das würde mich mal interessieren. Fakt ist, dass, wenn sie uns Tieren und unseren Lebensraum nicht so großen Gefahren aussetzen würden mit den Umweltgiften, dann würde es auch den Menschen besser gehen.“

Malu atmete tief durch. „Es ist erschreckend, und das Schlimmste daran ist, dass nichts direkt gesagt wird. Der Rinderwahn bricht aus – und was war schuld, dass die Tiere krank wurden und den Menschen angesteckt haben? Na logisch, der Mensch, habe ich gehört. Er hat den Pflanzenfressern Tiermehl ins Futter gemischt. Die Vogelgrippe wurde von Wildvögeln übertragen an ihr Hausgeflügel, doch keiner fragt mal, wo sie sich das eingefangen haben. Sind sie vielleicht mit irgendwelchen Schadstoffen in Berührung gekommen oder haben sie Pestizide zu sich genommen? Nun gibt es diesen Coronavirus und diesmal sind eben die Fledermäuse daran schuld. Keiner hat je verlangt, dass sie uns Braten sollen. An uns ist doch gar nichts dran, dass sie satt werden. Wir sind edle Geschöpfe. In China gelten wir sogar als Glücksbote. Was ist das denn wieder einmal für ein Widerspruch."

Sophia lachte schallend los. „Ach Malu, du bist wirklich etwas für den hohlen Zahn, wie man so gerne sagt. Doch du hast schon irgendwie recht. Man müsste viel mehr aufklären und vor allem fängt alles in der Natur an. Hier sind die Gefahren am größten. **Die Natur ist der Atem des Lebens und sie ist krank, sehr krank. Wenn es der Natur wieder gut geht und man anfängt, sie zu heilen, geht es auch uns Tieren und den Menschen wieder besser**."

Malu flatterte auf. „Kommt, lasst uns zu Georg fliegen und sehen, wie es Saira geht."

Alle machten sich auf den Weg zur Siedlung und zu Georgs Veranda. Georg saß in einer Decke eingewickelt in seinem Schaukelstuhl und hatte ein kleines Bündel auf den Beinen. „Huhu, Georg, wie geht es Saira? Was hat der Tierarzt gesagt?", fragte Malu, nachdem er sich an den Verandabalken gehängt hat.

„Oh, schön, dass ihr vorbeikommt. Es geht ihr besser. Der Tierarzt sagt, mit etwas Pflege und Medikamenten wird sie es schaffen. Sie kann so lange hier bei mir bleiben und wenn sie wieder fit ist, könnt ihr sie abholen."

Imani lächelte. „Das freut uns. Gut, dass es so Menschen wie dich gibt, die achtsam durch die Natur gehen und sehen, wenn jemand von uns Hilfe braucht."

Das kleine Bündel auf Georgs Beinen bewegte sich und Saira streckte ihr Köpfchen hervor. „Oh Hallo, schön, dass ihr mich besuchen kommt. Ich werde wieder gesund, hat der Tierarzt gesagt. Also macht euch keine Sorgen und ansteckend für den Menschen bin ich auch nicht."

Malu lächelte. „Super dann sind wir alle glücklich, dass es dir bald wieder besser geht."

Sie saßen noch eine Weile bei Georg und Saira dann flogen sie alle zurück in den nächtlichen Wald.

## Die Würfel sind gefallen

Die Sonne sank langsam herab, doch nahm sie ihre Wärme heute nicht mit. Die Natur schwitzte schon den ganzen Tag und wartete auf die kühlen Abendstunden. Die Tiere des Tages verbrachten die größte Zeit in ihren Behausungen. Es war einfach zu heiß für große Aktivitäten. Den ganzen Tag herrschte schon eine gespenstige Stille im Wald. Hier und da hörte man, jetzt in den Abendstunden, ein kleines Vogelzwitschern.

Malu erwachte in seiner Höhle und flog voller Freude nach draußen, nur um gleich darauf auf dem Felsvorsprung zu landen. Er sah Mirko an, der erschöpft in seinem Netz hing. „Mirko, was ist los? Hast du dich heute verausgabt, dass du so erschöpft aussiehst."

„Ach Malu, es ist heute wieder einer dieser megaheißen Tage gewesen. Kaum zum Aushalten dieses Wetter."

„Weißt du was, ich flatter mal runter zum See und sehe, wer da ist. Dann schick ich dir jemanden, der dich abholt, und wir verbringen heute die Nacht am Wasser. Dort ist es bestimmt kühler."

Malu flog los. Es dauerte nicht lange und Sophia flog herbei und nahm Mirko in ihrem Gefieder mit. Am See war schon einiges los. Viele Tiere hatten sich versammelt, um das kühle Nass zu genießen. Malu hing an der großen Buche und ließ sich von Wisal, dem Waschbären, mit Wasser bespritzen. Der Mond spiegelte sich mittlerweile im See. Sophia glitt lautlos über die Tiere und ließ sich neben Imani dem Bussard nieder. „Guten Abend, es ist heute wieder eine sehr warme Nacht."

„Die wird es jetzt öfters geben", prophezeihte Imani, „Klimawandel, sag ich nur."

Am Ufer raschelte es und einige Tiere wichen zur Seite.

Malu stutzte. „Oh, guten Abend, Danger, dich haben wir lange nicht gesehen.“

Zwischen dem Schilf schlängelte sich eine große Ringelnatter herbei. „Guten Abend, was soll ich auch bei kalten Wetter hier draußen? Wir Schlangen brauchen Wärme und so sind wir froh über dieses tolle Sommerwetter.“

Sophia lachte. „Tja was dem einen gut tut ist für den anderen schlecht. Das war schon immer so. Für euch Schlangen ist dies das ideale Wetter. Ich denke mir auch, dass ihr bald von der roten Liste verschwinden werdet, wenn das Wetter weiter so warm bleibt. Dann habt ihr eine top Chance, euch wieder zu vermehren und euch anzusiedeln.“

Danger rollte sich zusammen und grinste. „Genau, das Gruseln kommt mit der Hitze. Die wenigsten Menschen wissen, dass wir noch unter ihnen leben, hier in Deutschland. Doch wenn die Temperaturen so bleiben, werden wir uns wieder zahlreicher sehen lassen. Dann heißt es Vorsicht vor den Schlangen, sie sind Gefahr. Sicher geht es uns dann wie dem Wolf und man wird versuchen, uns zu verjagen und auszurotten.“

Malu seufzte tief auf. „Leider ist das so. Anstatt, dass sie froh sind, dass es euch wieder zahlreicher gibt ... Immerhin tragt ihr auch zum biologischen Gleichgewicht bei.“

Danger schaute in die Nacht. „Wisst ihr, es ist schon erschreckend. Das Klima verändert sich zu schnell. Bald können wir uns am Nordpol ansiedeln. Dort wurden Temperaturen von 21 Grad gemessen, das ist gruselig.“

Durch den Wald sah man ein Licht näherkommen und alle Tiere duckten sich. Malu jauchzte auf. „Schaut mal, wir bekommen Besuch. Wer das wohl sein mag?“

Zwischen den Bäumen trat Georg hervor. „Guten Abend, ich wollte sehen, ob es euch allen gut geht, nach der Hitze des Tages." Er griff in seine Jacke und nahm ein kleines Eichhörnchen heraus. Vorsichtig setzte er es ab. „So, mein kleines Hörnchen, jetzt kannst du etwas trinken und du musst den weiten Weg zum See nicht alleine gehen."

Das Eichhörnchen flitzte zum Wasser und stillte seinen Durst. Danger schlängelte sich zu Georg. Der schaute ganz verblüfft. „Na Hallo, Danger ist mal wieder da. Logisch, ist ja dein Wetter. Du brauchst die Hitze. Für dich ist das Wetter wundervoll."

„Naja, mir reichen auch 30 Grad, es müssen nicht gleich 45 Grad sein. Für manche Tiere ist die Hitze wirklich schlecht."

„Wisst ihr, irgendwie habe ich den Eindruck, dass es gar kein richtig gibt", fand Malu.

„Herrjemine, wie meinst du das jetzt wieder?", fragte Wisal.

Georg lachte. „Malu, ich weiß, was du meinst. Ist es heiß und trocken, ist es schlecht. Ist es tagelang am regnen, ist es schlecht. Ist der Winter zu mild, ist es schlecht. Ist der Winter zu kalt, ist es schlecht. Egal, wie es auch ist, man sieht immer das Negative. Das ist gar nicht gut. Vor allem da wir am Wetter sowieso nichts ändern können."

Danger schüttelte ihren Kopf. „Das stimmt so nicht. Schuld an allem ist der Klimawandel und der entstand durch die Fehler der Menschen."

„Tja, so kann man das auch direkt sagen", stimmte Malu zu. „Doch was Georg meint, man kann das Wetter, wie es jetzt ist, nicht ändern und nun muss man das Beste daraus machen. Es nutzt doch nichts, wenn man vor allem Angst hat und nur das Negative sieht. Ich finde auch, dass man wirklich positiv denken sollte. So vieles macht einem Angst, doch was haben wir davon, wenn wir diese Ängste zulassen. Sie nehmen uns unsere Lebensqualität. Eine gesunde Angst zu haben, ist sicher nicht verkehrt, nur darf man sich nicht von ihr vereinnahmen lassen, denn ansonsten hört man das Leben auf."

Georg überlegte. „Da hast du Recht. Sieh dir Danger hier an. Sie ist ein ausgewachsenes Muttertier und viele Menschen sehen sie als Gefahr an und haben Angst, wenn sie sie sehen. Doch es geht eigentlich keine Gefahr von ihr aus. Wenn man ihr mit Respekt begegnet, ist es sogar etwas sehr Schönes, sie zu beobachten. Das Problem ist, was der Mensch nicht täglich zu sehen bekommt, nur hin und wieder, das macht ihm Angst. Wären die Wölfe schon immer bei uns angesiedelt, dann würden sie eben hierhin gehören wie Rehe und Hirsche und somit akzeptiert. Hier in unseren Wäldern gibt es so viele verschiedene Tierarten, doch viele Menschen wissen das gar nicht. Sie halten einen Grünspecht für einen entflohenen Papagei und eine Ringelnatter für ein ausgesetztes Haustier. Sehen sie eine Hornisse, ist Gefahr und Angst das Erste, was sie spüren. Dabei sollten sie ihnen einfach mit Respekt begegnen und sie ihren Weg ziehen lassen. Angst ist etwas, was sehr zerstörerisch sein kann. Jeder hat Ängste vor irgendetwas. Selbst ich. Ich habe Angst, dass mich einer dieser Viren erwischt und ich gezwungen bin, mein Leben frühzeitig zu beenden. Doch wenn ich mich von dieser Angst so stark beeinflussen lasse, dass es mir nicht mehr gut geht, dann lebe ich jetzt schon nicht mehr. Mit gesundem Respekt an die Sache rangehen. Egal, ob Virus, wildes Tier, Klima oder sonstige Gefahren, sie sind da. Doch deswegen bleibe ich nicht zuhause und zittere. Mein Leben ist zu kostbar. Ich gehe raus, in die Natur. Ich meide große Menschenansammlungen und beuge eben vor, indem ich mit viel Respekt durchs Leben ziehe. Ich stelle mich meinen Ängsten und lebe weiter.“

Sophia seufzte tief auf. „Wow, also Georg hat es super in Worte gefasst. Egal, was passiert, ob Klimawandel, Umweltkatastrophen, Viren, Unwetter oder Sonstiges, man darf das Leben nicht aufhören. Wichtig ist, allem mit einem gesunden Respekt gegenüberzutreten.“

„Genau so ist es“, nickte Georg. „Wie viele Menschen meiden es, barfuß durch die Wiese zu gehen, weil sie Angst haben vor den Zecken. Dabei ist das ein super tolles Gefühl. Man muss sich eben davor schützen. Es gibt Möglichkeiten und ich renne ja nicht Stunden barfuß darüber. Also reibe ich meine Beine mit Teebaumöl oder Kokosmilch ein und durchsuche mich eben danach. Warum soll ich auf dieses tolle Gefühl verzichten. Diese Tiere gibt es eben. Ich könnte so vieles aufzählen, was viele unbewusst vermeiden und sich einfach nicht mehr gönnen, weil sie zu viele Ängste mit sich herum tragen.“

Mirko krabbelte nach vorne. „Da stimme ich dir zu. Es gibt Sachen, darauf kann man eine Weile verzichten, wenn davon eine Gefahr ausgeht. Doch muss man dem eben mit viel Courage entgegen gehen und sich selbst schützen. Jedoch darf man sich nie von seiner Angst so beeinflussen lassen, dass man das Leben unbewusst aufhört.“

„Es wird immer öfters Situationen geben, die Angst machen. Doch es ist, wie es ist. Auch wenn jetzt wieder heiße Tage anstehen und am Nordpol die Temperaturen steigen, das Wasser knapp wird, die Natur und die Tiere leiden. Natürlich auch der Mensch, den wollen wir nicht vergessen. **Wir müssen uns auf die jeweilige Situation einstel-**

**len. Uns verstecken bringt nichts. Wer Leben will, muss jeder Situation mit Respekt gegenübertreten.**“ Malus Worte hingen in der Luft.

Imani breitete seine Schwingen aus. **„Alea iacta est. Die Würfel sind gefallen.“**

Das heißt, dass die Würfel in der Luft hängen und das Ende nicht mehr beeinflusst werden kann und auch noch offen ist. Die Tiere saßen noch die ganze Nacht am See mit Georg zusammen. Erst als die ersten Strahlen der Morgensonne am Horizont erschienen, machten sie sich auf ihren Heimweg.

## Ringelnatter

***„Nichts in der Natur ist gefährlich – wenn man ihm mit dem nötigen Respekt gegenübertritt."***

## Seifenblasen

Der Wald war in die Dämmerung getaucht. Als sich die Kinder des Dorfes auf dem Weg zum großen See machten. Moja war bei ihnen und führte sie mit ihren Laternen den Weg entlang. Cody hatte die Idee, Orenda, die Schamanin, zu besuchen. Natürlich waren Marion und die Geschwister Aylin und Jaro sofort mit von der Partie. Jeder hatte eine selbst gebastelte Laterne in seiner Hand und im Gänsemarsch ging es in den Wald.

Cody wisperte: „Meint ihr, wir sehen auch Malu heute und seine Freunde.“

Moja lachte. „Klar werden sie kommen, wenn sie hören, dass wir da sind.“

Es wurde schnell dunkel und der Mond erhellte den Weg. Als sie am See ankamen, sahen sie schon von Weitem Orendas Lagerfeuer. Die Kinder sprangen darauf zu. „Guten Abend, Orenda“, riefen sie, „schau, wir haben unsere Laternen mitgebracht. So wird es heute Nacht super gemütlich.“

Orenda lachte ihnen entgegen. „Hallo, schön, dass ihr mich besuchen kommt. Hallo Moja, geht es dir gut?“

Moja ließ sich auf dem Holzstamm vorm Feuer nieder. „Danke der Nachfrage. Ja mir geht es gut, nur mit den Kindern komme ich mir wirklich alt vor. Ich habe wirklich Schwierigkeiten, bei ihrem Tempo mitzuhalten.“

„Na dann ruh dich jetzt aus. Mal sehen, wann der Rest eintrifft.“

Aylin hob fragend die Augenbraue. „Wer kommt denn noch?“

Orenda schmunzelte. „Na, ich denke, alle. Imani hat es jedem erzählt, dass ihr heute hier seid.“

Kaum hatte sie zu Ende gesprochen raschelte es im Gebüsch und in der Luft war ein Schwirren zu hören. Ein wahrer Tumult brach aus, als die Tiere des Waldes hinzukamen. Bis sie alle ihren Platz fanden und sich gegenseitig begrüßten, verging eine lange Zeit. Es wurde viel gelacht und umarmt. Man konnte fast denken, dass sie sich viele Jahre nicht gesehen hatten. Malu baumelte an einem Ast der Weide und grinste über das ganze Gesicht. So, wie es aussah, war der ganze Wald versammelt. Orenda trat ans Feuer und warf eine Handvoll Kräuter hinein. Als die Funken in allen Regenbogenfarben in den Himmel stoben, legte sich Schweigen über den Platz. „Heute wollen wir eine schöne Nacht verbringen. Die Kinder und Moja sind bei uns, unsere Freunde." Alle schauten gespannt Orenda an. Sie griff in ihre Tasche und nahm etwas heraus. Sie schüttelte es und dann entnahm sie der kleinen Dose einen Stab und blies hindurch. Die Kinder und Tiere fingen zu jauchzen an. „Ohhhh, Seifenblasen, wie schön." Wisal hopste den Blasen entgegen. Eine Seifenblase fand den Weg zu Malu und zerplatzte auf seiner Nasenspitze.

„Seht diese hauchzarten Gebilde. Wunderschön anzusehen und doch sehr schnell vergänglich. Trotzdem erfreuen wir uns an ihrem Flug und ihren Spiegelungen. Ein kurzer Augenblick, ein schöner Moment muss nicht lang sein, er muss nur etwas in uns zurücklassen. **Seifenblasen sind wie Träume. Sie bringen unsere Augen und Herzen zum Leuchten und wenn sie platzen, holt uns die Realität wieder ein.**"[16]

Jaro schaute überlegend. „Also ich träume öfters, doch ich kann mich oft nicht daran erinnern, was ich geträumt habe."

---

[16] Quelle unbekannt

Moja schaute in die Runde. „Es gibt viele Arten von Träumen. Die Nachtträume zum Beispiel. In diesen Träumen arbeitet unser Gehirn den vergangenen Tag auf. Wenn wir viel erlebt haben, verarbeitet unser Inneres in der Nacht diese ganzen Erlebnisse und steckt sie in die dafür vorgesehenen Schubladen.“

„Schubladen? Habe ich Schubladen im Gehirn?“, fragte Marion.

Malu lachte los. „Nein, Moja meint das sinnbildlich. Dein Inneres sortiert die Erlebnisse. Die, die nicht so wichtig waren, legt es nach hinten, wichtige Erlebnisse bleiben in der vorderen Erinnerungsschublade. Dann gibt es die nicht so schöne Erinnerungen, die versteckt dein Inneres, das sie dir nicht lange wehtun.“

Marion schaute mit großen Augen Malu an. „Wow, das ist ja krass. Ich hatte schon mal einen Albtraum. Da hat wohl mein Inneres nicht richtig sortiert.“

Orenda grummelte: „Sieh es so. Wenn du ein sehr schreckliches Erlebnis hattest, Angst oder sogar Trauer, braucht dein Inneres länger, es richtig zu verpacken. Erst musst du es verarbeiten. Es ist deine Einstellung zu dieser Erinnerung, in welche Schublade sie gelegt wird. Wenn jemand nur das Negative sieht, wird er auch nur Schubladen mit Negativem haben. Oftmals muss man auch erst das Schreckliche aufarbeiten, um das Gute, was danach kommt, zu sehen.“

„Boah, voll kompliziert“, stöhnte Alvin der Eichelhäher.

Moja grinste. „Es ist nicht kompliziert. Ich sage es euch in einfachen Worten. Füllt eure Schubladen mit schönen Erinnerungen. Je mehr schöne Augenblicke in eurem Inneren sind, desto glücklicher seid ihr.“

Orenda machte wieder einige Seifenblasen. Sie schwebten über die Köpfe hinweg und das Feuer sowie der Mond und die Sterne spiegelten sich darin. „Seht, wie lange sie währen, wenn wir sie ihren Weg ziehen lassen. Erfreut euch an ihnen und schafft neue Augenblicke. Stellt euch vor, jede einzelne Seifenblase ist ein schöner Traum. Überlegt mal, was sind eure Träume?“

Themba, der Wolf, trat hervor. „Mein Traum, den ich jede Nacht auf‘s Neue träume, ist ein friedliches Zusammenleben mit dem Menschen. Dass sie uns akzeptieren und mit Respekt behandeln. Dass sie nicht weiter unseren Wald roden und unser Jagdgebiet verkleinern.“

Wisal hob die Hand. „Ich träume davon, dass ich von der Liste der unerwünschten Tiere gestrichen werde und alle mich lieb haben.“

Saira, das Eichhörnchen, hopste herbei. „Ich träume davon dass wieder Stille in der Natur herrscht. Dass die lauten Geräusche, die der Mensch verursacht, verstummen werden.“

Orenda suchte sich einen Platz auf dem Holzstamm und schaute ins Feuer.

Hope, die Füchsin, kam nach vorn. „Ich träume davon, dass meine Kinder in einer gesünderen Natur leben werden, wenn sie ausgewachsen sind.“

Sophia wischte sich verstohlen eine Träne weg. Den Weg entlang sah man zwei Lichter näher kommen. Malu flatterte aufgeregt auf. „Super, du hast es geschafft. Das sind meine Überraschungsgäste. Kommt näher, setzt euch zu uns, dann stell ich euch vor.“

Aus dem Wald kam ein Pärchen. Der Mann trug auf seinem Rücken ein Gestell, in dem ein Mädchen saß. „Das ist

Jala und ihre Eltern. Jala hier siehst du alle unsere Freunde.“

Jala winkte schüchtern und ihre Eltern staunten über die vielen Tiere. Moja stand auf. „Kommt, rutscht zusammen, macht Platz. Schön, dass ihr hier seid. Soll ich helfen, Jala aus ihrem Tragegurt zu heben?“

Jalas Papa lachte. „Das wäre eine Hilfe. So mussten wir uns erst etwas einfallen lassen. Denn mit dem Rollstuhl kamen wir den Waldweg nicht entlang. Doch Jala wollte unbedingt hierher kommen und ich sehe jetzt schon, dass es ihr gut tun wird.“

Es dauerte einige Zeit, bis wieder Ruhe einkehrte. Orenda ging vor Jala in die Hocke und schaute sie an. „Jala, ich bin Orenda, eine Schamanin, oder auch Kräuterfrau genannt. Bei uns hier ist jeder willkommen. Für uns zählen die inneren Werte. Auch wenn du erst jetzt hier bist, höre einfach zu, und wenn du etwas sagen willst, dann mach das.“

Orenda schaute alle an. „So, wo waren wir stehen geblieben. Es ging darum, was ihr für Träume habt.“ Sie blies wieder ein paar Seifenblasen in die Luft.

Luam, der Dachs, kam hervor. „Mein Traum ist es, einmal eine Sternschnuppe zu fangen und wieder in den Himmel zu heben.“

Danger, die Ringelnatter, schlängelte sich heran. „Also, mein Traum wäre es, eine Sternschnuppe zu fangen und mir etwas zu wünschen, das dann wirklich in Erfüllung geht.“

Imani schaute von seinem Ast. „Danger, was würdest du dir wünschen?“

„Ich würde mir wünschen, dass die Natur wieder gesund wäre.“

Malu atmete tief durch. „Das ist ein schöner Wunsch und auch ein schöner Traum. Moja, wovon träumst du?“

„Ich, Malu, träume von einer gesunden Welt ohne gefährliche Einflüsse und ohne Angst haben zu müssen, dass etwas Schreckliches passiert.“

Cody holte tief Luft. „Mein Traum ist, dass wieder mehr Menschen die Magie der Natur spüren und sie lieben lernen.“

Viele Tiere ließen vor Rührung eine Träne fließen und man hörte einige Seufzer.

„Oh Cody, das ist so ein schöner Traum“, sagte Basma, der Specht. „Ich träume auch oft davon, dass die Natur mehr respektiert wird. Doch mein größter Traum wäre es, wenn kein Müll den Wald mehr verschandeln würde.“

Jala hob vorsichtig die Hand. „Wisst ihr, ich habe auch einen Traum und irgendwie ist er schon etwas in Erfüllung gegangen. Ich hatte den Traum, dass mich die Menschen um mich herum akzeptieren, trotz meiner Behinderung. Dass sie mir offen begegnen und nicht wegsehen, wenn sie mich anschauen. Dass ich ein Teil von einer normalen Welt werde.“

Malu schaute fragend. „Und ist das jetzt so?“

„Naja, es gibt Menschen, die mich so nehmen, wie ich bin. Doch das Wichtigste ist, dass ich mir nun nicht mehr so viel daraus mache, wenn sie mir mit Abneigung gegenübertreten. Es verletzt mich nicht mehr so tief, denn ich verstehe sie jetzt besser. Viele machen es nicht weil sie mich nicht mögen, sondern weil sie nicht wissen, wie sie mit mir umgehen sollen. Sie sind einfach unsicher. Doch dass ich hier unter euch sitzen darf, Malu kennenlernen durfte und nun ein Teil dieser wundervollen magischen

Natur bin, das kommt der Erfüllung meines Traumes sehr nahe."

Sophia drehte ihren Kopf. „Schade, dass Dalia nicht hier ist. Auch sie hatte einen Traum und der ist in Erfüllung gegangen. Dalia lebte drei Jahre auf der Straße und ihr größter Traum war es, wieder zu jemandem zu gehören. Dieser Traum hat sich erfüllt und nun hilft sie selbst Straßenkindern, ihren Weg zu finden. Träume sind wie Seifenblasen, die platzen können. Doch heißt das noch lange nicht, dass der Traum mit dem Platzen verloren ist. Es kann auch die Möglichkeit bestehen, dass er sich mit dem Platzen erfüllt. Wie mit einem großen Feuerwerk."

„Es ist immer eine Sache der Ansicht", zitierte Mirko.

Malu kicherte. „Wie man es eben sehen möchte. Ich habe auch einen Traum. Die Erfüllung dieses Traumes geht nur in kleinen Schritten. Doch er wird sich erfüllen, denn ich glaube fest daran."

Alle schauten gebannt zu Malu. „Was ist das für ein besonderer Traum?", fragte Kalea, die Schwalbe.

„Mein Traum ist es, dass viele Menschen anfangen umzudenken. Dass viele Menschen unsere Geschichten, unsere Gedanken und unsere Träume in die Welt tragen und sich ihrer annehmen. Dass viele Menschen anfangen, die Natur und uns zu lieben. Denn was der Mensch liebt, das hegt und pflegt er auch. Dass viele Menschen die Magie des Lebens erkennen und wieder zu schätzen wissen. Das ist mein Traum, den ich für uns alle hier träume."

Orenda blies einige Seifenblasen in die Luft. Sie stiegen zum Himmel empor und irgendwie kam es einem so vor, als würden sie sich auf den Weg in die Träume der Menschen machen, um die Worte von Malu weiterzutragen.

Wenn man genau hinsah, konnte man sie noch sehr lange am Himmel glitzern sehen.

Malu sah seine Freunde an. **„Solange wir Träume haben, leben wir. Solange wir leben, geben uns Träume Hoffnung. Solange es Hoffnung gibt, haben wir keine Angst vor der Zukunft. Die Zukunft liegt in unseren Händen. Träumen wir sie nicht nur, sondern lasst sie uns leben.“**[17]

Es war eine magische Nacht. Orendas Feuer warf farbige Funken ins Firmament. Es knisterte und knackte. Jala nahm die Hand ihrer Mutter und diese griff nach der Hand von Cody. Die Tiere kamen herbei und alle berührten sie sich. Sie spürten das Band der Freundschaft durch sich laufen. Sie spürten die Macht der Natur und den Atem des Lebens. Über ihnen tanzten die Seifenblasen mit den Sternen und wenn man genau hinsah, sah man eine kleine Fledermaus dazwischen herumschwirren. Eine kleine Fledermaus, ein Glücksbote, der sich Malu nannte.

---

17 Petra Heierhoff

## Das Licht im Dunkeln

Eine atemberaubende Nacht wartete auf Malu, als er erwachte. Das Firmament erstrahlte nur so von Sternen und der Mond schien heute besonders hell. Malu flatterte fröhlich aus seiner Höhle und winkte Mirko zu. Dann schwirrte er weiter in den Wald. Schon von Weitem sah er Sophia auf der Eiche sitzen. „Sophia, schau, was für eine gigantisch schöne Nacht wir heute haben. Da hüpft das Herz vor Freude."

Sophia lachte ihm entgegen. „Ja, Malu, es ist super toll. So viele Sterne erstrahlen den Himmel, wie ich es noch nie gesehen habe."

Malu hängte sich an einen Ast, sodass er Sophia ansehen konnte, und atmete tief durch. „Wow, was für eine Energie in der Luft liegt. Sie summt durch meinen ganzen Körper."

„Malu, dies ist der Atem des Lebens. Er ist es, der dir dieses tolle Gefühl beschert."

Es rauschte in der Dunkelheit und Abaya, der große Adler, flog heran. Als er landete, schwankte der ganze Ast.

„Oh Abaya, schön, dass du uns besuchst."

Malu schwang etwas hin und her. „Guten Abend. Es ist eine magische Nacht heute. Genau die richtige Zeit, dass sich die Geister des Lebens erheben."

Malu stutzte. „Geister des Lebens?"

Sophia schmunzelte. „Was Abaya meint, ist, dass diese Nacht die Magie des Lebens entfaltet und somit auch die Seelen und das Gewissen. Abaya steht als Geisteradler für das Gewissen und das Verborgene in jedem von uns. Viele haben den Glauben an die Magie des Lebens verloren. Deswegen fliegen die Geisteradler hinaus, um das Verborgene nach vorne zu bringen. Vom Glitzerschein der Sterne begleitet, leiten sie unsere Seelen im Leben."

Malu schaute auf. „Ah, dann bist du sozusagen das Unterbewusstsein?"

Abaya schüttelte den Kopf. „Nein, eigentlich bin ich die Erkenntnis, dass man sich an die kleinen, schönen Augenblicke des Lebens erinnern soll. Ich bin auch derjenige, der vielen wieder auf die Sprünge hilft, wenn sie nicht weiterwissen. Ich bin derjenige, der ihnen einen Anstoß gibt, dass da noch mehr ist, als sie glauben. Viele denken, dass die Vergangenheit nicht wichtig ist, und schließen sie ein. Vor allem dann, wenn sie nicht gerade schöne Dinge beherbergt. Doch ausschlaggebend ist, dass sie erkennen, dass die Vergangenheit ein Teil von ihnen ist und sie zu dem gemacht hat, was sie heute sind. Es ist ein Lernprozess, den ich anrege."

Malu schaute wissend. „Das stimmt. Wenn jemand eine schlechte Erfahrung gemacht hat, möchte er diese am liebsten vergessen und leider bleibt sie im Unterbewusstsein so lange verankert, bis man sie aufgearbeitet hat. Viele schweigen auch darüber, weil sie Angst haben, nicht verstanden oder verurteilt zu werden. Sie ziehen sich dadurch zurück und leben gar nicht mehr, da sie sich auf das Schöne nicht konzentrieren können."

„Genau so ist es", nickte Sophia. „In unserem Inneren ist bei jedem etwas, woran er nicht gerne zurückdenkt. Ein schlechtes Erlebnis, eine gruselige Erfahrung. Doch die wenigsten suchen das kleine Licht, denn sie schämen sich. Das ist so verkehrt. Man hat nur ein Leben. Es ist auch so, dass wir das Gute gar nicht kennen würden, wenn wir das Schlechte nicht wissen würden. Alles hat zwei Seiten."

Abaya streckte seine Flügel. „Den Mut zu finden, sich zu offenbaren. Den Mut zu finden, sich ein zugestehen, dass man bei manch einer Sache eben Hilfe braucht. Das ist Mut und Stärke. Leider sehen das viele nicht. **Es ist ein Lernprozess zu erkennen, dass der eigentliche Mut darin liegt, einmal schwach zu sein**. Dazu bin ich da. Ich versuche ihnen einen Hinweis zu geben und sie anzuschubsen, um ihr Leben wieder lebenswerter zu machen."

„Das ist eine tolle Aufgabe, die du hast", sagte Malu. „Es gibt so viele, die einen minikleinen Stups brauchen, um wieder die Magie des Lebens zu spüren. Denn das ist doch das Schöne am Leben, die kleinen kostbaren Augenblicke zu sehen, die das Leben lebenswert machen. Wie heute Nacht das faszinierende Sternenmeer. Wenn ich es anschaue, gibt es mir ein so großes Gefühl von Freiheit und Glück. Mein ganzer Körper fühlt sich davon überschwemmt."

Sophia lachte. „Ich spüre es auch. Es ist, als würden die Sterne deine tiefste Seele erleuchten und alles Dunkle vertreiben. Nur durch das Anschauen."

Malu seufzte. „Es passiert soviel Dunkles im Leben, doch es gibt immer ein Licht. Hier in der Wunderwelt des Waldes, ist der Atem des Lebens zuhause. Die Natur mag auch krank sein, doch solange noch ein grünes Blättchen wächst, gibt sie ihre Kraft weiter. Sie lädt jeden ein, in ihr zu verweilen. Sie teilt ihre Energie und ihre Magie mit allen, die sie annehmen."

Sophia schmunzelte. **„Es gibt kein Dunkel, denn egal, wie schwarz die Wolke auch ist, dem Himmel zugewandt, hat jede ihre Sonnenseite**. Oder sagen wir einfach Mondseite. Sie zu sehen, ist die Kunst des Lebens."

Abaya gluckste. „So, dann werde ich mich auf den Weg machen, denn jeder von uns hat eine Aufgabe zu bewältigen.“ Abaya hob ab und flog in die Nacht. Sophia schaute Malu an und kicherte. „Komm, lass uns die Nacht genießen. Lass uns fliegen und die Freiheit spüren.“

Beide flogen sie auf und rauschten durch die helle Dunkelheit. Immer unter dem leuchtenden Sternenzelt hindurch. Ab und an hörte man Malu jauchzen und rufen: „Das Leben ist soooo schön.“

## Evolution

Wolken zogen wie geheimnisvolle Wesen am Himmel entlang. Dazwischen funkelten und glitzerten die Sterne immer wieder hell hervor. Malu reckte sich in seiner Höhle und flog in die Nacht. Heute war er spät dran. Er hatte einfach mal ein bisschen länger in seinen Flügeln gekuschelt. Er wusste, dass Mirko heute mit Sophia losgeflogen ist, und machte sich auf die Suche nach ihnen. Er flatterte durch den Wald und überlegte dabei, wo sie sein könnten. An der Eiche waren sie nicht, also suchte er weiter. Plötzlich sah er Basma, den Specht, an einer großen Buche.

„Guten Abend, Basma. Weißt du, wo Sophia mit Mirko hingeflogen sind?“

Basma drehte den Kopf. „Oh Malu, ja, sie wollten zu Zacharias. Ich begleite dich, denn wir wollten uns dort heute treffen.“

Malu flatterte neben Basma her und es dauerte nicht lange, als sie die Hütte von Zacharias erreichten. Schon von Weitem sahen sie Sophia auf der Veranda sitzen und Mirko baumelte an einem Faden daran.

„Huhu, ich habe etwas verschlafen heute. Es war so kuschelig in meinen Flügeln“, rief Malu ihnen grinsend zu.

Sophia drehte ihren Kopf herum und lachte Malu entgegen. „Na dann kommt. Basma, schön dass du auch da bist. Zacharias hat heute einen sehr guten Tag und Lynn hat für uns alle Zitronenwasser gemacht.“

Die Tür der Hütte öffnete sich und Lynn trat mit Zacharias nach draußen. Sie half ihn, dass er sich in seinen Sessel setzen konnte, deckte seine Beine mit einer kuscheligen Decke zu und sah die Tiere an. „Seid gegrüßt. Schön, dass ihr uns besucht. Auch für Zacharias ist es eine Abwechslung, da seine Kinder zurzeit nicht zu ihm dürfen. Auch Moja vermissen wir und der alte Georg darf auch nicht kommen."

Malu hängte sich an die Veranda und schaute Lynn an. „Warum darf denn keiner zu Besuch kommen?"

Sophia seufzte tief auf. „Weißt du noch, als Georg uns von diesem Virus erzählte, der unter den Menschen ausgebrochen ist? Tja, es ist ernster als gedacht und hat sich sehr bösartig entwickelt. Die Menschen sind aufgefordert, sich nicht mehr zu treffen. Also sie müssen auf sozialen Kontakte verzichten. So etwas gab es noch nie. Alle Läden haben zu, außer die mit Lebensmittel."

Basma hob den Flügel. „Ich flog heute Mittag über die Stadt und sie lag wie ausgestorben unter mir. Es war wirklich gruselig. Wie Geisterstädte im Wilden Westen. Hier und da sah man noch vereinzelt Menschen laufen, jedoch auch die Kinder fehlten. Ich hörte, dass sogar die Schulen zu sind."

Lynn atmete tief durch. „Genau so ist es. Alles ist innerhalb kürzester Zeit zum Erliegen gekommen. Ein unsichtbarer Feind bedroht die Menschheit. Wir leben hier in der Hütte im Wald, da sind wir noch sicher. Doch darf uns keiner besuchen und unsere Kinder stellen uns die Lebensmittel, die wir brauchen, am Waldrand ab, sodass wir sie holen können. Kontakt dürfen wir keinen haben. Ich bin froh, dass Zacharias bei mir ist und ihr Tiere kommt auch vorbei."

Malu legte nachdenklich den Kopf schief. „Sag mal, wenn niemand Kontakt miteinander haben darf, wer kümmert sich denn um den alten Georg?"

Zacharias schaute auf und lachte erfreut. „Hallo, meine Freunde. Schön, dass ihr vorbeikommt. Gestern waren meine Kinder da und heute kommt ihr. So viel Besuch.“

Lynn schüttelte den Kopf und flüsterte. „Das ist schon fünf Tage her, dass die Kinder da waren. Doch egal … durch sein Alzheimer hat er kein Zeitgefühl mehr und das ist in dieser Situation sicher gut.“

Mirko nickte. „Das ist besser für ihn, sonst würde er, wie so viele zurzeit, unter dem Verlust leiden. Denn alleinsein ist schön, wenn man allein sein will. Nicht, wenn man muss.“

Sophia grummelte: „Es ist erschreckend, was da passiert. Doch der Natur tut es gut. Sie ist dabei, sich zu erholen. Die vielen Flugzeuge stehen am Boden und lassen kein Kerosin in die Luft. Viele Fabriken sind zu und so kommen weniger Schadstoffe in die Atmosphäre. Weniger Autos fahren und viel weniger Müll wird in die Natur geschmissen, weil die Menschen zuhause bleiben müssen. Es ist schlimm für den Menschen, doch es ist auch eine Zeit, in der sie wieder zu sich finden könnten, um anzufangen, das zu schätzen, was sie haben, und nicht nur darüber klagen, was sie nicht haben. Das hört sich nun sehr böse an. Doch viele haben vergessen, wie reich sie doch eigentlich sind und was wirklich wichtig ist im Leben. Jetzt sind sie eingesperrt und eingeengt. Vielleicht begreifen sie jetzt, wie sich ein Tier hinter Gittern fühlt oder wie es ist, hilflos zu sein. Sicher nicht alle, doch ein kleiner Teil wird nach dieser Erfahrung sein Leben und seine Umwelt mehr zu schätzen wissen.“

„Sophia das stimmt, doch ist es schon unheimlich, dass so eine unsichtbare Macht so stark ist, um den Menschen zu stürzen“, sagte Basma.

Es schwirrte in der Luft und Imani der Bussard flog herbei. „Guten Abend. Ich habe gehört, was du gesagt hast, Sophia. Ich beobachte schon den ganzen Tag die Situation. Wisst ihr, der Mensch darf noch rausgehen. Er ist nicht eingesperrt. Er soll nur nicht in Gruppen gehen. Was hält ihn davon ab, in der Natur unterwegs zu sein? Ich sehe sehr wenige, die diese Zeit nutzen, um die Schönheit der Natur zu genießen. Jetzt haben sie Zeit dazu, doch sie sitzen zuhause und beklagen sich, jammern und fühlen sich einsam. Es ist nur ein kleiner Teil, der unterwegs ist und das sind meistens die, die immer draußen sind. Ich höre ihnen zu, wenn sie ihre Fenster und Türen zum Lüften öffnen. Es ist so ein Widerspruch in ihnen. Viele haben Angst und andere wiederum sehen die Gefahr nicht und lassen noch Freunde und Bekannte heimlich in die Wohnung, obwohl dies verboten ist. Die am meisten leiden, sind die alten Menschen in den Pflegeheimen. Sie sind auf Besuch angewiesen. Auch die Kinder in Hospizen und in Behindertenheimen dürfen nun keinen Besuch empfangen. Das finde ich schlimm. Obwohl dort viele Menschen sind, die sich kümmern, ist es doch der Besuch ihrer Liebsten, der ihnen fehlt. Auch alte Menschen wie Georg. Er sitzt nun alleine zuhause. Es gibt einen Service, der sich um ihn kümmert. Es wird für ihn eingekauft, doch die sozialen Gespräche fehlen. Er gehört zur Risikogruppe und sollte zuhause bleiben. Er hat einen Garten, das ist nun sein Glück, doch das haben viele nicht."

Basma seufzte auf. „Wisst ihr, ich finde, das ist nun eine große Aufgabe für den Menschen, wieder mehr Zusammenhalt zu finden. Ich habe viele Fenster mit tollen Regenbogenbildern gesehen. Kinder malen und hängen sie ins Fenster, für alle sichtbar. Abends stehen Kerzen im Fenster. Sie zünden Hoffnungslichter an. Raja sagte mir, dass viele Hoffnung haben und durch die Unterstützung der Lichter auch sie hell erstrahlt."

Zacharias räusperte sich. „Kennt ihr die Geschichte vom kleinen Dino?"

Malu musste lächeln. „Jetzt müsste Wisal da sein, wenn du uns eine Dino-Geschichte erzählen möchtest. Er liebt Dinos."

Zacharias schüttelte kichernd den Kopf. „Malu, das ist keine Dino-Geschichte. Der kleine Bengel, von dem ich euch erzählen möchte, heißt Dino. Jedoch ist er kein Dinosaurier, sondern eine kleine Hummel."

Mirko gluckste. „Ne Hummel mit so einem großen Namen. Doch erzähl mal, wir sind gespannt."

Zacharias überlegte. „Also, der kleine Dino, die Hummel, schwirrte jeden Tag über die Wiesen und durch die Gärten und sammelte fleißig Honig. Ja, auch Hummeln sammeln Nektar. Eines Tages traf er einen Sperling, der ihn eine ganze Zeit beobachtete, bis er ihn ansprach. *Hallo, kleine Hummel, wieso verbrauchst du deine ganze Energie damit, deinen dicken runden Körper mit den kleinen Flügeln in die Luft zu bringen? Das ist doch Irrsinn.* Dino schaute den Sperling schief an. *Ganz einfach, weil ich es kann.* Der Sperling staunte nicht schlecht und überlegte. *Mmh, nur weil du es kannst, machst du es. Das verstehe ich nicht.* Dino lachte. *Du verstehst es nicht? Es ist doch ganz einfach. Wir Hummeln können eigentlich gar nicht fliegen laut den wissenschaftlichen Gesetzen der Menschen, doch schau genau hin – ich kann es trotzdem. Denn schon das Wissen, dass ich es kann, setzt jedes wissenschaftliche Gesetz außer Kraft. Ich fliege und alleine das zählt. Es ist egal, was jemand versucht, dir einzureden. Wichtig ist, dass du daran glaubst und was du daraus machst. Wir Hummeln fliegen, weil wir mit diesem ganzen wissenschaftlichen Gedöns nix am Hut haben. Es interessiert uns nicht. Wir sagen uns, wir wollen fliegen, also fliegen wir.* Der Sperling schüttelte den Kopf und flatterte hinweg. Klein Dino sammelte weiter fröhlich seinen Honig und summte vor sich hin."

Alle schauten bedröppelt Zacharias an.

„Ojemine, was willst du uns damit sagen? Ich verstehe nur Bahnhof", sagte Basma.

Malu schaukelte kopfüber hin und her und überlegte. „Also, ich denke ‚er will uns damit sagen, mmh, was wohl?"

Sophia kicherte los. „Ganz einfach, denkt doch einmal darüber nach, was Dino genau gesagt hat. Er sagte, dass es doch alles widerlegt was die Wissenschaft sagt, denn er fliegt, obwohl er es gar nicht kann. Es soll ein Beispiel dafür sein, dass man alles hinbekommt, wenn man nur will. Vielleicht nicht gerade passend, doch ist viel Wahres daran. Seht es so. Egal, was Schlimmes gerade passiert oder noch kommt, es gibt immer etwas, was darüber steht. Viele haben im Augenblick Ängste und fühlen sich alleine. Dadurch leidet auch ihre Psyche. Doch sie brauchen etwas Zuversicht und vor allem Hoffnung. Warum sich nicht an die kleine Hummel Dino erinnern? Wenn so ein kleines Tier so Großes schaffen kann, was eigentlich unmöglich ist, dann ist doch das jetzt ein Klacks."

Lynn lachte. „Da hast du Recht. Es ist unbegreiflich, was geschieht, doch die kleinen Wesen aus dem Tierreich zeigen uns, dass man alles bewältigen kann. Es wäre ja lächerlich, wenn diese kleine Hummel so Großes vollbringt und wir Menschen es nicht einmal schaffen, ein paar Tage ohne sozialen Kontakt auskommen zu können. Davon abgesehen schweißt es zusammen. Viel mehr Menschen sollten sich an der Natur ein Beispiel nehmen. Sie ist so kraftvoll, immer voller Hoffnung, und sie gibt nie auf. Egal, was der Mensch ihr antut, sie lebt weiter."

Malu seufzte tief auf. „Ich denke, dass dies irgendwann kommen musste. Mirko, du sagst immer, es ist alles vorbestimmt. Der Mensch hat es sich selbst angetan. Es ist einfach für sie, den Schuldigen unter uns Tieren zu suchen, doch die Schuld alleine liegt bei ihnen selbst. Die Natur und die Tierwelt sind nicht dafür verantwortlich zu machen. Im Gegenteil, wenn sie jetzt einen Blick in die Natur werfen würden und genau hinsehen, würden sie erkennen, dass schon dieser kleine Stopp der Menschheit alles mehr aufleben lässt. Die Vögel zwitschern lauter und fröhlicher. Die Blumen leuchten heller in ihren Farben. Die Bäume recken ihre Äste voller Freude in die saubere Luft. Das Wasser der Flüsse und Seen wirkt blauer und klarer. Die Lebewesen des kühlen Nass schwimmen fröhlich umher. Tiere, die sich schon lange nicht mehr haben sehen lassen, schlüpfen hervor und atmen tief durch. Viel öfters sieht man Greifvögel am Horizont ihre Kreise ziehen und hört ihren Ruf. Es waren nur einige wenige Tage nötig, um dies zu vollbringen. Einige Tage des Stillstandes der Menschheit. Dies ist erst der Anfang und schon jetzt sieht man die Auswirkung auf unseren Lebensraum. Dies sollte vielen zu denken geben. Es bedarf nicht einer langen Zeit, um der Natur eine Chance zu geben."

Mirko lachte. „Ist es nicht Ironie des Schicksals. Als es den Menschen gut ging, kein Virus sie befallen hatte, ging es der Natur schlecht. Jetzt ist es genau umgekehrt. Den Menschen geht es schlecht und die Natur wirkt frisch und erholt. Das Wundersame daran ist, in welch kurzer Zeit man diese Veränderungen beobachten kann. Ich hoffe, dass vielen dies bewusst wird."

Malu schmunzelte. „Wenn ich einen Wunsch frei hätte, dann würde ich mir jedes Jahr einen Monat wünschen, an dem die Menschheit stillsteht, um der Natur die Energie zu geben, Kraft zu schöpfen. Sie werden den Virus überstehen und dabei viele Opfer lassen, doch so geht es uns hier auch in der Natur. Es bleiben immer Trauer und Schmerz zurück. Doch auch Hoffnung und das ist das Wichtigste. **Hoffnung ist die Fähigkeit, die Musik der Zukunft zu hören. Glaube ist der Mut, in der Gegenwart danach zu tanzen.**[18] Solange man aus dem etwas lernt, was geschieht, hat sogar das Schlimmste ein helles Licht. Die Menschen werden nun enger zusammenrücken, sie werden es wieder mehr schätzen, was wirklich wichtig ist im Leben. Wenn wir viel Glück haben, wird sich für viele die Denkweise ändern und sie werden wieder anfangen, ihr Leben zu lieben. Wenn ein kleiner Teil begreift, dass alles miteinander verknüpft ist und es Wichtigeres gibt als materiellen Wert, dann ist es ein großer Erfolg für die Welt."

Zacharias und Lynn schmunzelten. „Ach, Malu, du bist immer so voller Zuversicht. Was, meinst du, passiert, wenn diese Pandemie vorbei ist? Der Mensch wird genau da weitermachen, wo er davor aufgehört hat", seufzte Lynn.

Sophia schüttelte den Kopf. „Das ist das Traurige daran. Der Mensch kann ohne seinen Luxus nicht leben. Vor vielen Jahrhunderten, als er das noch nicht alles kannte, war er auch glücklich. Doch die Zeiten haben sich geändert und je mehr er hat, desto gieriger wird er. Wir müssen unsere Energie auf diese wenigen Menschen setzen die es mit of-

[18] Peter Kuznic

fenen Herzen sehen. Die es annehmen und etwas für sich daraus ziehen. Uns und unserer Heimat wurde eine Auszeit gegönnt, auf Kosten des Menschen. So wollten wir diese Auszeit nicht, doch nun haben wir sie und es wäre nicht im Sinne, sie nicht anzunehmen. Der Atem des Lebens – die Natur – wird sich in der Zeit des Stillstandes der Menschen etwas Energie zurück holen."

Imani hatte die ganze Zeit zugehört und steckte nun den Flügel. „Des einen Leid ist des and'ren Freud. Das ist ein Sprichwort bei den Menschen. Egal, wie diese Sache ausgeht, solange es nicht gut ist, ist es nicht am Ende. Die Menschenwelt ist eine komplexe Wissenschaft. Bis sie sich von dieser Krankheit erholt hat, werden Jahre vergehen. Die Menschheit braucht viel Papier und Statistiken, um wieder auf die Beine zu kommen. Doch am Ende wird es wieder so sein wie vorher."

Sophia gurrte. „Du hast es erfasst. Wobei wir wieder bei der kleinen Hummel Dino sind. Es bedarf keiner wissenschaftlichen Phänomene, nur einen starken Willen und Lebenslust."

Einige Zeit saßen alle schweigend beisammen, dann sprach Malu leise: „Lieber Mensch, in deiner schwersten Stunde wage einen Blick in die Natur. Dort findest du die Antworten auf deine Fragen, die du dir immer wieder stellst. Nicht die Welt steht still, sondern nur die Menschheit steht still, die Natur jauchzt vor Freude. Nimm dir Zeit, den Duft der Rosen zu genießen und schaue mit offenem Herzen. Nichts ist so schlimm, dass nicht wieder etwas Gutes nachkommt. Das hat der vergangene Lauf des Lebens, die Evolution, uns gezeigt. Nimm dir Zeit und sammle kleine schöne Augenblicke. Verschenke, ein klein wenig Hoffnung aus deinem Herzen an deine Liebsten. Es gibt immer ein Licht im Dunklen und immer ein Besseres danach."

Noch lange waren die Freunde zusammen und lauschten den fröhlichen Klängen der Natur.

## Das Leben ist schön

Der Wald erstrahlte heute in wunderschönen Farben, als sich die Sonne herabsenkte. Mirko webte sein Netz und schaute immer wieder fasziniert Richtung der großen Bäume. Er war so in Gedanken und Bewunderung vertieft, dass er gar nicht mitbekam, wo er webte. Plötzlich erklang ein lauter Schrei und er fing sich gerade noch an einem Fanden auf. „Hey, aua, Menno Mirko, was hast du wieder angestellt?“ Malu hing, voll mit Mirkos klebrigen Spinnenfäden, am Fels. Mirko schaute ganz verdutzt. „Was ist dir denn passiert? Bist du durch den Fels geflogen?“

„Nee, wie immer durch den Felsspalt. Doch du hast wieder einmal dein Netz davor gewebt. Du musst mir einen Durchgang lassen.“

Mirko lachte. „Tja, also, ich habe gar nicht gemerkt, dass ich den Eingang zugewebt habe.“

Malu versuchte die klebrigen Fäden von sich abzustreifen. „Nicht gemerkt? Wie kann man das nicht merken. Wo warst du mit deinen Gedanken?“

Mirko gluckste. „Ich habe das tolle Schauspiel der Abendsonne beobachtet.“ Er schaute in den Wald. „Oh, nun ist es vorbei. Doch schau, wie toll der Mond und die Sterne die Nacht erhellen. Es ist wunderschön.“

Malu schaute in die Dunkelheit. „Ja, Mirko, manchmal ist man einfach von der Schönheit der Natur abgelenkt. Das sind diese kleinen Augenblicke, die einen sogar vergessen lassen, was um einen herum passiert.“

„Genau, Malu, und bei meiner Bewunderung habe ich gar nicht bemerkt, das ich unbewusst weitergewebt habe. Doch das war es wert.“

Malu hatte sich mittlerweile von den Fäden befreit und lächelte Mirko an. „Schade dass ich zu spät kam. Ich hätte es gerne mit dir bewundert. Doch jeder Abend birgt ein schönes Wunder, wenn man mit freiem Herzen schaut. Die Natur ist voll davon."

Sie sahen beide in den Sternenhimmel. Lautlos flog Sophia herbei. „Na, ihr zwei, was macht ihr da?"

Mirko lächelte schuldbewusst. „Ich habe versehentlich Malu in meinem Netz gefangen."

Sophia grinste. „Na es sieht ja so aus, als wäre er dir durch die Lappen gegangen."

„Sehr witzig, ich war voller Klebefäden. Naja war irgendwie auch sehr lustig."

Mirko schaute in die Nacht. „Schaut mal, da bewegt sich ein Stern auf uns zu."

„Oh, das sieht aus, als würde uns Raja, das kleine Licht, besuchen", sagte Sophia.

Das kleine Licht kam näher. Kurz vor Malus Nase machte es halt. Malu fing an zu schielen. „Guten Abend, Raja, kannst du etwas Abstand nehmen. Ich sehe nix mehr, du blendest ganz schön heute."

Raja jauchzte auf. „Ist das nicht super toll. Ich leuchte total hell."

Mirko krabbelte näher. „Wow, wo hast du das viele Licht her? Als wir dich das letzte Mal sahen, warst du nur schwach am Leuchten."

Raja flog einige Pirouetten und jubelte. „Ach, das Leben ist soooo schön! Ich habe viele tolle Menschen getroffen. Sie sind so voller Hoffnung und das gibt mir Kraft. Ich konnte mein Licht wieder super auftanken. Klar gibt es noch sehr viele, die alles für hoffnungslos halten. Doch ein kleiner Teil glaubt an mich."

Sie drehte sich zu Malu um. „Es sind deine Freunde, Malu, und es werden immer mehr. Ich habe überall welche gefunden, die dich kennen, und mit ihnen habe ich mein Licht aufgetankt."

Malu schaute ganz gerührt. „Es ist schön, das zu hören. Das Leben kann so wundervoll sein, leider sehen es die wenigsten. Viele brauchen einen kleinen Stups. Doch wenn du, das Licht der Hoffnung, wieder leuchtest, dann ist mein Werk vollbracht."

Sophia stupste Malu mit ihren Flügel an. „Dein Werk ist noch lange nicht vollbracht. Es gibt noch so viele Hoffnungslose auf der Welt, die nur dunkel sehen. Ein kleiner Teil sieht schon das Licht. Doch es müssen mehr werden."

„Sophia du hast Recht. Es gibt noch viele, die gar nicht wissen, wie schön das Leben ist. Die gar nicht wissen, wie faszinierend die kleinen Wunder der Natur sind. Gestern Nacht, als uns Abaya besuchte, hatten wir dieses Thema auch. Doch ich finde, es ist auch sehr wichtig, den Menschen zu zeigen, wie schön das Leben sein kann."

Raja schmunzelte. „Das Leben ist sehr schön, wenn man sich auf die kleinen Dinge konzentriert, die einen erfreuen. Mich erfreut es immer wieder, wenn ich ein lächelndes Gesicht sehe."

Mirko überlegte. „Mich erfreut es jeden Abend, wenn Malu erwacht. Denn er ist mein Freund und über Freunde freut man sich."

Malu wischte sich eine Träne weg. „Das ist so nett, dass du das sagst. Wisst ihr, ich denke, schon alleine zu sagen, *das Leben ist schön*, reicht aus, um sich gut zu fühlen."

Sophia atmete tief durch. „Ich möchte euch etwas erzählen. Vor Jahren begegnete ich einem kleinen Marienkäfer. Er flog freudig umher und ich sah einige Zeit zu. Als er sich auf ein Blatt niederließ, fragte ich ihn, warum er so fröhlich ist. Da sagte er zu mir: *Schau mich an, ich bin so klein und man muss sehr genau hinsehen um mich zu sehen. Doch trotzdem bin ich ein Glückskäfer. Wer mich sieht, freut sich. Es gibt mich sogar zu Weihnachten und Ostern in Schokolade. Ich bin ein kleines Wesen, unscheinbar und selten zu sehen, und doch werde ich als Glückskäfer verehrt. Bedenke, dass Käfer eigentlich für viele kleine unnütze Krabbeltier sind. Meist sogar ekelig und störend. Doch ich bin der Held. Man muss nicht groß sein, um etwas Wertvolles zu sein oder für etwas Gutes zu stehen. Das macht mich glücklich und mein Leben schön.* Dieser kleine Marienkäfer brachte mich zum Nachdenken. So ein kleines Wesen, mit so viel positiver Energie. Er war wirklich ein Glückskäfer, denn er hat seinen eigenen Wert erkannt und das machte sein Leben schön. **Vergiss niemals deinen eigenen Wert**. Das brachte er mir wieder nahe."

Malu seufzte auf. „Ach, was ist das für eine schöne Begegnung gewesen ...? Wenn doch die Menschen den Marienkäfer so lieben und sich an ihm erfreuen, dass sie ihn sogar in Schokolade gießen, dann wäre es doch so einfach, einen guten Gedanken zu finden, wenn man einen braucht. Sie bräuchten sich nur einen Marienkäfer an den Platz legen, den sie am Morgen als erstes sehen, und, schwupp, das Glück liegt vor ihnen."

„Das ist ein super Gedanke. **Es gibt so viele Möglichkeiten, sich etwas Freude zu machen. Sei es der Anblick eines kleinen Marienkäfers oder einfach ein Blick in die faszinierende Natur. Das Leben kann so schön sein.**"

Raja schwirrte umher. „So sehe ich das auch. Ich bin auch ein kleines Wesen. Nur kennt man mich nicht als das, was ich bin. Ich bin die Hoffnung, ich bin das kleine Licht. Wer mich kennt, findet auch Augenblicke die das Leben bereichert."

Malu sah in die Sterne. „Das Leben ist so toll. Egal, was alles auf der Welt passiert. Schaut euch doch mal um. Die gigantischen Bäume, Monumente, die es seit Millionen von Jahren gibt. Die Blumen und Pflanzen, jede in ihrer Art einzigartig und wunderschön. Der Regen, der alles atmen lässt. Das fantastische Sternenmeer am Himmel und nicht zu vergessen die tierischen Lebewesen. Egal, ob klein oder groß, sie alle verdienen es, geliebt zu werden. Man kann sich an all dem erfreuen. Wenn es auch oft nur kleine Augenblicke sind. Doch jeder kleine zarte Augenblick bereichert unser Leben. Wenn ich in der Nacht durch die Natur flattere, spüre ich die Kraft, die Magie des Lebens und ich erfreue mich daran. Ich bin nur eine kleine Fledermaus. Doch wie der Marienkäfer sagte: *Es kommt nicht auf die Größe an*, um ein Symbol zu sein. Der kleine Käfer ist ein Symbol des Glücks. Raja ist das Symbol für Hoffnung und ich, bin das Symbol für Erkenntnis. So hat jeder im Leben eine Aufgabe."

Mirko dachte über diese Worte nach. „Malu, das stimmt, jeder hat einen Wert. Man muss gar nicht viel suchen, um das Leben schön zu finden. Kommt man mal vom Weg ab, sollte der Anblick eines kleinen Glückskäfers oder einer Fledermaus ausreichen, um wieder Freude zu haben. Ja, genau, auch einer Fledermaus, denn du wirst als Glücksbote in vielen Ländern verehrt."

Malu musste lachen. „Mirko, lass es gut sein, nicht dass ich auch noch in Schokolade gegossen werde. Das Leben ist schon so schön genug."

Raja blitzte kurz auf. „So macht es gut. Das kleine Licht fliegt nun wieder in die große Welt hinaus.“ Flugs, weg war sie und übrig blieben die drei Freunde.

„Wisst ihr, das Leben ist schön, weil wir uns gefunden haben“, sagte Malu leise. „Wir leben in einer faszinierenden Wunderwelt und haben einzigartige Freunde. Wir erfreuen uns an den kleinen Augenblicken, sehen die magische Welt des Lebens und wir kennen das kleine Licht, das Hoffnung heißt.“

Es war wieder die Zeit, wo schweigen mehr sagte als Worte. Denn alle waren sie einer Meinung – Das Leben ist schön.

## Erkenntnis

Angestrahlt von der untergehenden Sonne, leuchtete die gewaltige Baumkrone der alten Eiche magisch auf. Sie war der Treffpunkt vieler Tiere des Waldes. Vögel nisteten in ihren verzweigten Ästen. Eichhörnchen hüpften freudig von Ast zu Ast. Zu ihren starken Wurzeln wuchsen Pilze und das Waldmoos erstrahlte in saftigem Grün. Sophia landete lautlos auf einem der dicken Äste, im Gefieder hatte sie Mirko, der rasch herauskrabbelte. Es dauerte nicht lange und auch Malu flatterte herbei. „Guten Abend, jetzt sitzen wir wieder hier, auf unserer Lieblingseiche. Die Nacht erhellt den starken Baum, der schon viele Jahre hier steht. Schaut ihren Stamm an, sie ist voller Knorze und Knorpel und trotz allem reckt sie ihre Krone in den Himmel."

Sophia seufzte. „Wie das Leben, egal, wie viele Knorze und Macken man bekommt, immer sollte man seine Äste weiter in den Himmel ragen lassen. Es kommt nur auf die Wurzeln an. Sind sie stark genug, dann kann selbst eine größere Narbe den Baum nicht am wachsen hintern."

Mirko lachte. „Ja, auch das Leben hat viele Knorpel und Narben, doch man darf nie aufhören zu wachsen."

„Das klingt komisch, doch du hast recht", sagte Malu. **„Ein starker Baum – gewachsen auf starken Wurzeln. Kein Sturm, kein Unwetter vermag ihn zu fällen – solange sich die Äste im Wind bewegen."[19]**

Eine Zeitlang saßen die Freunde schweigend zusammen, dann gluckste Sophia „Weil du gerade den Sturm erwähnt hat ... weißt du noch, als der Sturm über den Wald zog und wir Tempest, den Hengst, kennengelernt haben. Was war

[19] aus meiner Familienchronik

das doch für eine tolle Nacht. Sich einfach treiben lassen, mit dem Wind fliegen und nicht seine Kräfte damit verschwenden, dagegen anzukämpfen. Es ist egal, wohin er einen treibt, man muss nur den Mut zu Veränderungen haben."

Malu lachte. „Das war eine tolle Erfahrung, die wir gemacht haben. Da erinnere ich mich gerade an die Eichhörnchen Jack und Paul, die beiden Streithammel. Wisal und ich mussten doch tatsächlich Imani, den Bussard, holen, dass er die beiden trennt. Schaut sie euch heute an, die dicksten Freunde. Jack, der Ausländer, und Paul. Was hatte er für Vorurteile, unser Paul, und nun, da Jack ihm die Chance gegeben hat, ihn näher kennenzulernen, sind sie fast unzertrennlich."

Mirko grummelte: „Ich weiß noch, als ihr mir von eurem Erlebnis auf der Wiese erzählt habt, da wäre ich gerne dabei gewesen."

„Meinst du, als uns der Dachs Luam Sternschnuppen zeigen wollte?", erinnerte sich Sophia. „Das war eine tolle Nacht. Vor allem, als Wisal es einfach nicht kapierte, wie er sich hinlegen sollte und am Ende rettete er einen Stern, das war sooooo schön. Es zeigte uns wieder einmal, **Fantasie zu haben ist das eine, jedoch sie auch auszuleben, das ist die wahre Kunst."**

Malu erinnerte sich weiter: „Wenn ich an die beiden Marder denke, kann ich jetzt noch den Kopf schütteln. Sie richteten wirklich ihre Freundschaften und ihren Gefallen an Äußerlichkeiten aus. Sie begriffen einfach nicht, dass die inneren Werte mehr zählen als die nach außen ersichtlichen. Doch auch diese zwei Zweifler haben wir zum Umdenken gebracht."

Mirko überlegte. „Weißt du noch, Sophia, unser erstes heimliche Treffen. Ich hatte eine Idee und wir mussten schon mitten am Tag los, nur damit Malu nix mitbekam. Das war krass und echt lustig."

„Ihr habt euch wirklich komisch verhalten in dieser Zeit. doch seid ihr dann nachts mit mir Herzen suchen gegangen. Das war soooo schön und ich vergaß darüber, dass irgendetwas nicht stimmte. Wir fanden so viele Herzen in der Natur."

„Sie war wirklich anstrengend, diese Zeit", erzählte Sophia. „Tagsüber waren wir in geheimer Mission unterwegs und nachts haben wir dich beschäftigen müssen. Wisal mussten wir auch bremsen, er wollte schon den ganzen Weihnachtsschmuck vom Dorf stibitzen. Er konnte nicht verstehen, dass dies auch ohne künstliche Sachen ging."

„Selbst schuld", fand Malu, „ich machte mir echt Sorgen um euch. Ihr wart megaabweisend. Doch das war auch die Zeit, in der ich die drei M-Schwestern kennenlernte, die kleinen Feldmäuse. Ich schaute damals nicht schlecht, als Malina sich einbildete, ein Schaf sein zu wollen. **Bleibe immer dir selbst treu, steh zu dem, was du bist, mit allen Höhen und Tiefen. Denn du bist du und niemand anderes**. Doch das musste ich ihr erst mal begreiflich machen. Doch wir haben es geschafft, wie immer." Malu schaute durch die Baumkrone in den Himmel. Dort funkelten die Sterne. Er atmete verträumt durch. „Mein Glitzerfest, es war soooo schön. Es war …" Malu wischte sich über die Augen, aus denen sich, in Erinnerung an sein Fest, einige Tränen der Rührung lösten. „**Es gibt nichts Schöneres im Leben, als wahre Freunde zu haben.** So wie euch und alle meine Freunde in meinem Leben. Ich werde dies nie vergessen. Ihr habt euch so viel Mühe gemacht, mich zu überraschen. Hättet ihr mir ein Herz geschenkt, einen bemalten Stein oder einfach ein tolles Blatt, hätte ich mich genauso gefreut. Doch dass ihr euch so viele Umstände gemacht habt, das rührt mich gar sehr."

Sophia tätschelte mit ihren Flügel Malus Kopf. „Na na, übertreibe mal nicht, dazu sind Freunde da und auch für uns war das ein toller Spaß."

Mirko kicherte. „Ich habe so viele Netze gewebt und sie haben so toll gefunkelt und geglitzert, das hat wirklich Freude gemacht."

Sie ließen die Erinnerungen an das tolle Glitzerfest noch etwas nachwirken. Plötzlich hüpfte Malu auf. „Hätte ich doch fast Themba vergessen. Er ist zurück, das ist so unglaublich. Ein Wolfsrudel, hier bei uns. Leider sehen das die Menschen anders. Doch man muss sich darüber freuen, dass er den Weg in seine ursprüngliche Heimat wieder gefunden hat. Er ist doch nur ein Wolf, kein Dinosaurier. Doch es wird noch ein langer Weg sein, bis der Mensch es begreift, dass der Wolf auch ein Recht auf seinen Lebensraum hat. Überleben müssen sie alle, Mensch wie Tier, warum nicht ein gutes Miteinander? Der Mensch kann sein Nutztier schützen, durch Zäune und Ställe, und der Wolf jagt nur zum Überleben, nicht zum Spaß."

Sophia nickte. „Das ist schon immer so gewesen. In Ländern, wo der Wolf schon länger Zuhause ist, kommen sie auch mit ihm klar. Das Neue schreckt erst mal ab, das liegt in der Natur des Menschen. Erst wird das Negative gesehen."

Mirko überlegte. „Das ist irgendwie traurig. Lasst uns an etwas schönes erinnern. Als Malu wissen wollte wie der Winter ist. Ich fand das so toll. Ich liebte nie den Winter, doch seit du uns diese Eissterne beschrieben hast, sehe ich es in einem anderen Licht.“

Malu sah Mirko an. „Ich würde diese Eissterne und diese Stille gerne mal kennenlernen, wenn sie sich über die Natur legt. Doch leider ist das nicht möglich. Doch ich sehe diese magische Winterwelt in meinen Träumen, denn Sophia hat sie so schön beschrieben.“

Sie verweilten ein wenig in Gedanken, bei der Erinnerung an die Eissterne. „Ich werde nie den Schreck vergessen, als sich Adia verletzt hatte. Es ist so schrecklich, dass so viel Müll im Wald entsorgt wird und noch schrecklicher ist, dass die wenigsten sich auch die Mühe machen, ihn wegzuräumen. Klar haben bestimmt nicht die Menschen den Müll hingeschmissen, die ihn dann sehen, doch wenn sie ihn denn schon sehen, sollten sie ihn auch beseitigen. Es ist einfach eine zu große Gefahr. Genauso wie sie ihre Hunde frei laufen lassen. Wäre Adia nicht erschrocken, wäre vielleicht gar nichts passiert. Sie hatte wirklich Glück.“

Sophia zitierte: ***„Die Natur ist der Lebensraum der Tiere, in dem der Mensch Ruhe und Schönheit findet. Sie ist jedoch auch der Atem der Welt. Jeder Baum, jede Pflanze erzeugt Sauerstoff und reinigt die Luft, die wir Menschen atmen. Wenn wir diese Natur nicht schützen und sauber halten, wird uns Menschen irgendwann die Luft ausgehen. Es ist ein Kreislauf und es liegt in der Hand von jedem Einzelnen, etwas dazu beizutragen, dass der Atem der Welt nicht erlischt***. Orenda hat dies sehr schön erklärt. “

Malu zwinkerte die beiden an. „Wisst ihr eigentlich, das heute die guten, alten Zeiten sind, an die wir uns in ein paar Jahren zurückerinnern? Das ist lustig. Jetzt sitzen wir hier und schwelgen in Erinnerungen an Zeiten und Erlebnisse, die so nicht wiederkommen, und morgen ist auch das Heute schon vergangen und eine schöne Erinnerung. Zeit ist echt was Komisches. Doch ich finde es ist nicht wenig Zeit, die wir haben, sondern wenig Zeit, die wir nicht richtig nutzen. Wir sitzen hier und schwelgen in Erinnerungen, erfreuen uns daran und ziehen Kraft und Erkenntnis für unseren weiteren Weg daraus. So soll es sein und nicht anders."

Mirko reckte den Kopf. „Du hast recht, Zeit wird überbewertet. Zeit ist schnurzegal, wichtig ist, dass man was erlebt und nicht nur lebt. Die schönen Dinge im Leben zählen, die schönen Erinnerungen."

„Wie sagte Georg so schön: ***Glaubt mir, egal, wie viel Dunkel das Leben überschattet, wenn man bewusst die kleinen, schönen Dinge herauspickt und zusammensetzt, ist die helle Lebensspanne viel länger***", zitierte Malu.

Sophia dachte angestrengt nach. „Sagt mal, danach hatten wir doch Besuch von Sleipnir, dem Pegasus."

Malu schüttelte sich. „Das war so gruselig und traurig, was er uns zeigte. Diese Umweltverschmutzung und dieses sinnlose Sterben war grauenvoll."

Mirko wisperte: „Es war grauenvoll, doch nur so werden Augen geöffnet, wenn man die Realität offen zeigt, nichts verschweigt. Es war entsetzlich, doch nur so lernt man daraus. Es zu beschreiben, wie es wirklich ist, ist oft nicht einfach, doch etwas totschweigen ist total falsch. **Die Natur ist unser Atem des Lebens. Was den Tieren geschieht, wird auch den Menschen geschehen, denn alles ist miteinander verknüpft.**"

Malu ließ diesen Satz auf sich wirken. „Das zeigte uns auch das Erlebnis, das wir im Zoo hatten. Massa ist das beste Beispiel für die falsche Denkweise der Menschen. Sie sperren Tiere ein, nehmen ihnen die Freiheit und denken, sie tun ihnen etwas Gutes damit. Doch gerade das ist verkehrt. Ein eingesperrtes Tier kann nicht glücklich sein und es ist auch nicht artgerecht, egal, wie schön sie ihre Gehege bauen. Nur ein freies Tier ist artgerecht untergebracht. Ihren Lebensraum zu erhalten, die Natur, die Erde und ihnen zu ermöglichen in Freiheit zu leben, das ist Artgerecht und ethisch vertretbar. **Dass das Wort Tierschutz einmal erfunden werden musste, ist wohl eine der blamabelsten Angelegenheiten der menschlichen Gesellschaft.“**[20]

Die Freunde saßen auf der alten Eiche und ließen ihre Gedanken zu Massa zurückschweifen, Massa, dem Gorilla, dessen Namen nur eine Bezeichnung ist, ohne Bedeutung. Gerade er verdiente einen großen Namen, doch er bekam einen bedeutungslosen. Das zeigte, wie die Menschen damals die Tiere sahen, als bedeutungslos. Doch sie sind von großer Bedeutung, denn was den Tieren geschieht, wird auch den Menschen geschehen. Es ist alles miteinander verknüpft. Malu zeigte in den Himmel. „Schaut, wie unsere Hoffnungslichter blitzen. Solange sie noch leuchten, ist das Ende noch nicht da. Ich denke gerade an das kleine Licht Raja. Sie ist so tapfer und gibt die Hoffnung nicht auf. Sie kämpft, auch wenn es hoffnungslos erscheint. Sie sucht, bis sie ein Fünkchen Hoffnung findet, um ihr Licht am Leben zu erhalten.“

„Genau, Malu, man darf nie die Hoffnung aufgeben“, sagte Sophia. „**Oft befindet man sich an einer dunklen Stelle, doch wenn man die Augen weit öffnet und mit**

---

[20] Theodor Heuss

**dem Herzen schaut, findet man schnell wieder das kleine Licht, wie es einen den Weg beleuchtet**."

Mirko dachte darüber nach. „Zacharias hat es uns in seiner Geschichte über Australien doch auch bewiesen, dass es immer Hoffnung gibt. Als Inaki da war und er uns von der Magie der Natur erzählte, die sich selbst heilt, egal, wie sehr der Mensch sie verletzt. Sie braucht zwar sehr lange dazu, jedoch hat sie mit vielen Mitteln und Wegen vorgesorgt. Ob es nun die Feuertiere sind oder die speziellen Pflanzen, die Natur ist stark und trägt immer Hoffnung in sich. **Am Ende wird alles gut werden. Ist es noch nicht gut, ist es noch nicht am Ende.**[21]"

Sophia schmunzelte. „Du hast Recht, doch heißt das nicht, dass der Mensch nicht umdenken muss. Im Gegenteil, er sollte sich an der Natur ein Beispiel nehmen und auch vorbeugen als erst Handeln, wenn der Schaden schon angerichtet ist."

„Wie soll der einzelne Mensch, die Natur lernen zu akzeptieren und respektvoll zu behandeln, wenn er seinesgleichen, die nur etwas aus der Norm schlagen, schon respektlos gegenübertritt?", bedachte Malu. „Ich denke da an Jala und was sie uns erzählt hat. Nur weil sie im Rollstuhl sitzt und eben ab und zu etwas sabbert, wie sie es so schön gesagt hat, wird sie ausgegrenzt. Sie wird verurteilt, ohne ihr Schicksal zu kennen. Anstatt sie zu bewundern, ihre Eltern zu bewundern, das sie dieses Leben meistern, wird sie in eine Schublade abgeladen. Es liegt immer am einzelnen Menschen und an den richtigen Aufklärungen. Wenn ich hergehe und mit dem Finger auf jemanden zeige und sage, schau, die ist behindert, wie grauenvoll, anstelle zu sagen, schau dir die Kraft an, die darin liegt, mit dieser

[21] Oscar Wilde

Behinderung zu leben ... Die Erkenntnis, dass dies viel Kraft und Stärke benötigt, mit einem Handicap in diesem Zeitalter zu leben, diese Erkenntnis, müssen viel mehr Menschen erlangen."

Schweigend wurde über Malus Sätze nachgedacht. Mirko durchbrach die Stille. „Solange einige Menschen, immer noch nicht den Unterschied zwischen Tieren und Pflanzen kennen und sich ahnungslos darüber her machen, den Tieren und der Natur Schmerz zuzufügen, wird er auch nicht verstehen, dass Respekt bei seiner eigenen Gattung anfängt. Erst muss man sich selbst respektieren, dann ist man frei, auch sein Umfeld zu respektieren. Sich Wissen anzueignen, sich mal über Dinge zu informieren bevor man eine Sache abwertet, verurteilt oder überhaupt tut. Dem Menschen stehen mit seiner Technik so viele Wege offen. Das Wissen ist da – doch es kommt nicht bei den richtigen Menschen an. Ich denke da gerade an die Blumentiere, die bezaubernden Korallen. **Solange Menschen denken, dass Tiere nicht fühlen, müssen Tiere fühlen, dass Menschen nicht denken.** Diese Erkenntnis zu erlangen liegt in jedem selbst."

Malu seufzte auf. „Das Leben ist so schön und wir sitzen hier auf einer wundervollen starken Eiche. Seit wir ihren Namen kennen, bedeutet sie uns noch mehr. Ich denke mir, wenn etwas einen Namen hat, geht man viel sorgfältiger damit um. Valeska ist unsere Eiche und seit sie uns ihren Namen verraten hat, ist sie noch wertvoller geworden. Dass Wisal dieses tolle Buch gefunden hat, hatte wirklich etwas Magisches an sich."

Sophia nickte. „Du hast Recht, mit einem Namen versehen ist es viel persönlicher. Stell dir mal vor, jeder Baum hätte einen Namen. Dann müsste der Chef zu seinen Arbeitern sagen: Heute fällt ihr Gustav, Johannes und Gordy. Da würden sich viele überlegen ob sie das tun."

Malu lachte. „Das wäre nicht verkehrt. Sie geben ihrem Wetter ja auch Namen und ich habe gehört, auch sehr alte Bäume haben Namen."

„Unsere Valeska bleibt auf jeden Fall stehen." Mirko seufzte herzzerreißend. „Ach, wisst ihr noch, wir sind außergewöhnlich, jeder Einzelne für sich. Ich mit meinen supercoolen Spinnennetzen, Sophia mit ihrem tollen Kopf und du, Malu, als Einziger deiner Art, als flugfähiges Säugetier."

Malu lachte. „Das stimmt, jeder ist auf irgendeine Art einzigartig. Doch ist es auch traurig, dass so viele Tiere ausgestorben sind. Auch sie waren außergewöhnlich. Doch sie kommen nie mehr zurück. Einmal weg, immer weg."

„Das ist wahr", stimmte Sophia zu. „Nachzüchtungen von den Menschen kommen nicht an die Urform heran. Es ist nie das Original. Am traurigsten finde ich, dass es manche Arten nur noch in Gefangenschaft gibt und in ihren heimatlichen Regionen als Ausgestorben gelten. Das ist echt krass."

„Sie stehen auf der Liste der ausgestorbenen Tiere und dabei gibt es sie noch. Irgendwie makaber", sagte Malu.

Sie sahen durch das Blätterdach in den Himmel. So viele Sterne leuchteten über ihnen. Wenn es wirklich stimmte und dies alles Seelen von Vergangenen waren, dann waren das schon sehr, sehr viele. „Das ist schon erschreckend", fand Sophia. „Wie sagte es Luam so schön: ***Wenn die Natur so mit dem Menschen umgehen würde wie der Mensch mit der Natur, wäre nicht sicher, ob der Mensch dann noch leben würde."***[22]

---

[22] umgewandelt Haberstich

Malu tappelte hin und her. „Sophia, kannst du dich noch an Dalia erinnern? Sie kam mir so verloren vor und doch hatte sie eine Stärke in sich, die Außergewöhnlich war."

Sophia lachte. „Ach, Dalia … habe ich euch erzählt, dass sie nun ein Zuhause hat? Ich denke mir, durch unser Gespräch ist ihr bewusst geworden, dass es an der Zeit war, zurückzukehren. Die Streetworker haben ihr geholfen. Sie setzt sich nun für andere verlorene Kinder ein."

Malu lächelte. „Das ist schön, du hattest es uns schon berichtet, das ihr Traum in Erfüllung ging, dann hatte unser Interesse doch etwas Gutes. Es ist wirklich so, man muss reagieren statt ignorieren. Oftmals reicht es schon, einfach nur zuzuhören und Interesse zu zeigen. Wenn man die Chance bekommt, über seine Last zu reden, geht es einem besser und man kann wieder klarer denken. Traurig genug, wie viele Menschen, vor allem Kinder, auf der Straße leben. Es gibt einen Tierschutz, einen Naturschutz und sogar einen Kinderschutz. Doch bei allem ist es gleich, noch funktioniert er nicht so richtig, da muss noch viel getan werden. Wichtig wäre, es besser rüberzubringen. Naja, es sind eigentlich nur drei Worte: **reagieren statt ignorieren**. Diese Erkenntnis fehlt noch einigen. Doch wenn es ein kleiner Teil erkennt, wie wichtig dies ist, ist schon sehr viel erreicht."

„Sag mal, Malu, musst du dir nicht langsam Speck anfuttern?" Mirko grinste.

„Nee, das hat noch Zeit. Irgendwie möchte ich gar nicht an den Winterschlaf denken. Es ist so schön hier mit euch. Es ist auch voll gruselig, seit Sophia mir erzählt hat, dass ich während des Schlafens mehr tot als lebendig bin."

„Ach Malu, da brauchst du keine Angst zu haben, wir passen auf dich auf", tröstete Sophia.

„Genau, denn wir lieben dich und wenn man etwas liebt, dann begegnet man dem mit Rücksicht und Umsicht und passt darauf auf. Man pflegt und hegt es. Das gilt auch für dich, nicht nur für die Natur.“ Mirko krabbelte an Malu heran und umarmte ihn. Malu schlug seine Schwingen um Mirko und knuffte ihn auch. „Das ist so lieb von euch, dass ihr aufpasst, dass uns im Winter schlafenden Tieren nichts passiert.“

Sophia lachte. „**Die Natur braucht jeden Einzelnen von uns und vor allem braucht sie unsere Liebe**.“

Malu schniefte. „Wisst ihr noch, als Saira, das Eichhörnchen, krank geworden ist. Ich fand das besonders schlimm. Auf Grund dessen, dass oft so viele gleich sterben, wenn wieder ein Tier krank wird, hatte ich wirklich Angst.“

Mirko seufzte. „Es ist schon gruselig, wenn man immer von diesen Bakterien und Viren hört die so in der Welt ausbrechen. Egal ob bei Mensch oder Tier. Deshalb ist es auch so wichtig, dass man achtsam durch die Natur geht und sieht, wenn jemand Hilfe benötigt. Egal, ob ein noch so kleines Lebewesen, jeder hat ein Anrecht auf Schutz und Hilfe.“

Sophia nickte. „Das stimmt, es kommt nicht auf die Größe an. Jedem Tier steht das Recht zu, dass es geschützt wird vor allen Gefahren. Egal, ob es der Wolf ist oder die kleine rote Ameise. **Die Natur ist der Atem des Lebens und sie ist krank, sehr krank. Wenn es der Natur wieder gut geht und man anfängt, sie zu heilen, geht es auch uns Tieren und den Menschen wieder besser**.“

Mirko fing an ein Netz zu spinnen. „Wisst ihr noch, als Danger uns besuchte? Also, ich fand dieses Zusammentreffen wirklich toll und Georg kam vorbei, weil er sich Sorgen um uns machte. Das war sehr bewegend, denn wer macht sich schon Gedanken um uns?“

Malu atmete tief durch. „Mich hat diese Nacht schon sehr nachdenklich gemacht. Georg hat gesagt man muss mit einem gesunden Respekt seine Ängste angehen.“

„Angst hindert einen am Leben und auch oft daran, sich an den kleinen Wundern zu erfreuen. Es ist ok, Angst zu haben. **Aber geh trotzdem da raus, öffne dich, liebe, mache Fehler, lerne, lebe und werde mit jedem Schritt, den du machst, stärker und weiser**“, sagte Sophia.

Malu lachte. „Genau, Angst hindert uns am Leben, doch ist es erschreckend, was so in der Welt passiert. Imani hat schon Recht wenn er sagt: *Die Würfel sind gefallen.* Nun heißt es, sich selbst zu schützen und vor allem, sich sein eigenes Leben nicht nehmen zu lassen.“

„Ach, Malu, denk an die Seifenblasen. Das war ein so schönes Erlebnis. So viele Träume, wenn nur ein kleiner Teil davon in Erfüllung geht, haben wir ein großes Ziel erreicht.“

Mirko lachte auf. „Sophia, das stimmt. **Es muss nicht jeder Traum in Erfüllung gehen. Manche brauchen auch etwas Zeit. Wichtig ist, dass wir überhaupt noch Träume haben. Denn Träume sind Hoffnung und die darf nie vergehen.“**

Malu lächelte beide an. „Weißt du noch, Sophia, als diese gigantische Sternennacht war und Abaya uns besuchte. Er hat auch eine tolle und wichtige Aufgabe in seinem Leben. Es gibt so viele, die einfach den Mut nicht finden, ihre Vergangenheit aufzuarbeiten, dabei bringt das gerade das Licht.“

Sophia grummelte. „**Es ist ein Lernprozess zu erkennen, dass der eigentliche Mut darin liegt, einmal**

**schwach zu sein**. Denke an die Wolke. **Egal, wie schwarz die Wolke auch ist, dem Himmel zugewandt hat sie immer ihre Sonnenseite**."

„Oder Mondseite", lachte Mirko. „Das Schönste ist, dass Raja, das kleine Licht der Hoffnung, wieder erstrahlt. Das Leben ist so schön."

Malu atmete seufzend auf. „Wir haben heute wieder in unseren Schubladen gekramt und haben lauter tolle Erinnerungen gefunden. Jeder Augenblick davon war einzigartig. Schöne Erinnerungen bleiben ein Leben lang in einem, man muss sie nur hin und wieder rausholen."

Die drei Freunde saßen noch die ganze Nacht schweigend beisammen und erfreuten sich an ihren Erinnerungen in Gedanken. Sie verstanden sich auch ohne Worte. Im großen Blätterzelt von der Eiche Valeska, die ihre Zweige in den Himmel streckte, waren sie beschützt und behütet. Sie ließen die Magie der Natur auf sich wirken. Nahmen mit all ihren Sinnen den Duft des Waldes auf. Lauschten den Klängen der Nacht und erfreuten sich an ihrer Freundschaft. Der Atem des Lebens schloss sie mit seiner ganzen fantastischen Kraft in die Arme und hielt sie fest. **Das Leben ist schön, wenn man die kleinen Augenblicke in seinen Erinnerungen festhält.** Irgendwann im Morgengrauen, sah man eine Eule an der aufgehenden Sonne vorbeifliegen, mit einer kleinen Spinne im Gefieder. Wen man dann ganz genau hinsah, flitzte ein kleines schwarzes Wesen im Morgenrot vorbei. Es war Malu, die kleine Fledermaus, auf der immerwährenden Suche nach Erkenntnissen und dem Licht im Dunklen.

Jeder sollte einen Malu in seinem Leben haben.

**„Ich kann nicht lange bleiben", flüstert der Glücksmoment, „doch ich lege dir eine Erinnerung ins Herz."[23]**

[23] Quelle Unbekannt

## Nachwort/Danksagung

Ein großes Dankeschön an alle meine Leserinnen und Leser.

Einen besonderen Dank an meine Freundin Marion E. Manche Freunde sind nur ein Kapitel im Leben – doch Du begleitest mich die ganze Geschichte hindurch.

Ein Dankeschön geht an meine Testleserin Inga, die mir aus Liebe zu Malu zur Seite stand.

An dieser Stelle möchte ich zum Andenken, meinen Opa Georg erwähnen. Der mir mit seiner positiven Lebenseinstellung zu vielen schönen Erkenntnissen in meinem Leben verholfen hat.

Doch der größte Dank gebührt Malu, denn er hat mir so viel Kraft und Hoffnung geschenkt.

Hier könnt ihr folgen:

http://www.lovelybooks.de/autor/Regine-Sonnleitner
http://www.rediroma-verlag.de/autoren/autorentagebücher/regine-sonnleitner
http://www.instagram.com/malufledermaus

Wenn euch Malus Geschichten gefallen haben, schreibt eine Rezension und empfehlt ihn weiter, er würde sich sehr darüber freuen.

## Glossar der Namen und Bedeutungen

Malu = Friede und Ruhe
Fledermaus = Wiedergeburt und Unendlichkeit
Mirko = Friede und Ehre
Spinne = Weber der Zeit, webt die Schicksalsfäden
Sophia = Weisheit
Eule = Weisheit und Klugheit
Jack = Gott möge schützen
Paul = der Kleine
Eichhörnchen = verhilft zu Leichtigkeit und Lebensfreude
Hengst = Freiheitsliebe, Neubeginn
Tempest = Sturm, Unwetter
Luam = der Friedvolle
Dachs = zeigt, dass wir das Leben in die eigenen Hände nehmen sollen
Jannik = Gnade
Samson = von der Sonne
Marder = hilft, Hindernisse zu überwinden
Themba = Hoffnung
Wolf = zeigt, dass wir uns den Umständen anpassen sollen
Sleipnir = Dahingleitender
Pegasus Fabeltier = Lichtbringer, Hoffnungsträger
Massa = keine Bedeutung bekannt (nicht mal das gaben sie Massa, nur einen unbedeutenden Namen), Massa steht für ein Volk, Menschengruppe
Gorilla = Weiterentwicklung
Raja = Hoffnung
Inaki = der Feurige
Adler = kündigt neue Entwicklungsstufen an
Jala = die Einzigartige
Shasa = Wasser

Wassergeist/Naturgeist = Behüter
Valeska = Stärke
Yuven = der zuhört
Rabe = Vorhersehung, Intelligenz
Dalia = Glück
Georg = Landarbeiter
Malina = wunderbare Sonne
Feldmaus = Selbstbewusstsein und Kreativität
Mirabella = das Wunderbare
Maravilla = das Wunder
Adia = Geschenk
Liam = Beschützer
Hope = Hoffnung
Fuchs = schlauer Seelenführer in allen Lebenslagen
Claudio = der Hinkende/Lahme mit unbändiger Kraft
Feuersalamander = der Hüter des Waldes
Orenda = magische Kraft
Aylin = Licht der Sonne
Jaro = Licht der Nacht
Alvin = Freund
Eichelhäher = Wächter des Waldes
Danger = Gefahr
Schlange = Unendlichkeit
Basma = ein Lächeln
Specht = Glück und Lebenskraft
Galdur = Magie
Maulwurf = schieb alles Dunkle ans Licht
Marion = Stern des Meeres
Zacharias = Erinnerung, sich erinnern
Lynn = kleiner Wasserfall
Imani = Glaube
Bussard = kündigt Wandlung und Veränderung an

Wisal = der Lebensfrohe
Waschbär = erinnert an dein inneres Kind
Cody = glücklicher Sohn
Abahya = furchtlos
Adler = kündigt neue Entwicklungsstufen an
Moja = mein Herz
Kalea = voller Freude
Schwalbe = kündigt glücklichen Wandel an
Horacia = Zeit
Schildkröte = alte, weise Mutter
Dino = der Starke, Mutige
Hummel = setzt unmögliche Dinge in die Tat um

Regine Sonnleitner – Der Flug des Falken
9,95 Euro, 98 Seiten, ISBN 978-3-96103-599-1

**Der Flug des Falken**

Lassen Sie sich mitnehmen auf eine entspannende Reise. Geben Sie Ihrer Seele eine Auszeit von der lauten Welt. Tauchen Sie ein in den Lebensraum von Malu, der Fledermaus, und seinen Freunden, den wahren Besitzern der Erde, auf der Suche nach den wichtigen Dingen im Leben. Finden Sie Ruhe, Stille, Hoffnung und Trost. Jeder braucht zur gegebenen Zeit eine Geschichte in seinem Leben, die Kraft gibt und einfach etwas Hoffnung, um seinen Alltag wieder zu bewältigen. Diese Geschichten sind für all die Menschen geschrieben, die eine Geschichte dringend nötig haben, also alle.

Jeder sollte einen Malu in seinem Leben haben.

Regine Sonnleitner – Malu Stimmen des Lebens
12,95 Euro, 242 Seiten, ISBN 978-3-96103-664-6

**Malu – Stimmen des Lebens**

Malu flattert durch die Nacht, immer auf der Suche nach dem Licht im Dunklen. Lasst euch mitnehmen auf eine Reise durch die Natur und taucht ein in die Stimmen des Lebens, die, auch wenn sie oft nicht so erscheinen, immer eine leuchtende Seite haben. Lernt mit Malu umdenken und gönnt euch eine Auszeit.

Jeder sollte einen Malu in seinem Leben haben.